子どもたちに夢と出会いを…

企業とつくるキャリア教育

藤川 大祐（千葉大学助教授）編
Daisuke Fujikawa

NPO法人 企業教育研究会 著

小学校から始める
新しいキャリア教育の
提言と実践

はじめに

　「誰もが教育に貢献する社会」を願い，私たちは企業と連携した授業づくりを進めています。おかげさまで，2004年4月に刊行した『企業とつくる授業』は，今でも多くの皆さまのご支持をいただいています。
　フリーターやニートの問題が注目される中，児童生徒の職業意識を高める「キャリア教育」の取り組みが求められています。このキャリア教育こそ，企業，学校，NPOが連携して進めていかなければなりません。本書は，「企業とつくるキャリア教育」を実践をとおして提案します。

2006年2月

NPO法人　企業教育研究会
理事長　藤川　大祐
（千葉大学教育学部助教授）

もくじ

第1章 「企業とつくるキャリア教育」の進め方

1 今なぜ「キャリア教育」か ………… 8

キャリア教育とニート，フリーター問題
就職が困難な若者たち
「かけがえのない仕事」はどこに？
「学力低下」は動機づけの問題

2 まだ問題が多い「キャリア教育」………… 18

「何がやりたい？」と言われても…
向いている仕事なんてやめておけ！
「職場体験」の意義と限界
誤解を招きやすい「4領域・8能力」

3 提案 小学校からのキャリア教育 ………… 25

「キャリア教育の目標」
現行の学習指導要領の中で

4 求められる企業の教育貢献 ………… 31

次世代育成こそCSRの柱
単なる資金提供でなく，自社ならではの教育貢献を
「子どもに教える」のではなく「子どもの話をきく」

Contents
企業とつくるキャリア教育

第2章 実践事例 ワークシートつき

直接的なキャリア教育

① 地元商店街のPR番組をつくろう！ ……… 39
　協力：テレビ朝日映像株式会社　西千葉ゆりの木商店街

② すきなことを将来の仕事にする！ ………… 49
　協力：株式会社千葉ロッテマリーンズ

③ 次世代ネットビジネスの提案 …………… 59
　協力：ヤフー株式会社　（財）コンピュータ教育開発センター

間接的なキャリア教育

④ プロから学ぶ新聞づくり …… 69
　協力：株式会社読売新聞東京本社

⑤ 太陽光発電について学ぼう！ …… 89
　協力：京セラ株式会社

⑥ 世界に広まった野田のしょうゆ産業！ … 99
　協力：キッコーマン株式会社

⑦ ガイドブックをつくろう！ …………… 109
　協力：株式会社 オフィス303

⑧ 風評被害　地震で大変！観光地　メディアで復活大作戦 … 119
　協力：株式会社イナモト旅館　雪国の宿 高半　ゆざわ観光情報学研究会

⑨ どうしてゲームはやめられないの？ ………… 129
　協力：株式会社ソニー・コンピュータエンタテインメント　株式会社エンターブレイン

⑩ だれもが福祉に貢献する社会へ！ …………… 139
　協力：株式会社ナムコ　セコム株式会社
　　　　シャープ株式会社　株式会社読売新聞東京本社
　　　　株式会社くもん学習療法センター　日本電気株式会社　トヨタ自動車株式会社

⑪ 宇宙と先進情報技術　～GPSの活用～ …………… 153
　協力：独立行政法人宇宙航空研究開発機構　京成バス株式会社　（財）コンピュータ教育開発センター

教育貢献活動推進協議会（CE協議会）のご案内 ……… 163

授業協力企業

株式会社イナモト旅館(越後湯沢温泉)
株式会社エンターブレイン
株式会社オフィス303
株式会社 くもん学習療法センター
株式会社ソニー・コンピュータエンタテインメント
株式会社千葉ロッテマリーンズ
株式会社ナムコ
株式会社読売新聞東京本社
キッコーマン株式会社
京セラ株式会社
京成バス株式会社
シャープ株式会社
セコム株式会社
テレビ朝日映像株式会社
独立行政法人 宇宙航空研究開発機構
トヨタ自動車株式会社
日本電気株式会社
ヤフー株式会社
雪国の宿 高半　　（50音順）

協力　財団法人 コンピュータ教育開発センター
西千葉ゆりの木商店街
ゆざわ観光情報学研究会

第1章

「企業とつくるキャリア教育」の進め方

1　今なぜ「キャリア教育」か
2　まだ問題が多い「キャリア教育」
3　提案　小学校からのキャリア教育
4　求められる企業の教育貢献

1 今なぜ「キャリア教育」か

●● キャリア教育とニート，フリーター問題 ●●

2004年以降，急速に「キャリア教育」が注目されている。

「キャリア教育」という言葉は，すでに1999年12月に中央教育審議会が出した答申「初等中等教育と高等教育との接続の改善について」において取り上げられている。ここでは，「キャリア教育」が「望ましい職業観・勤労観及び職業に関する知識や技能を身につけさせるとともに，自己の個性を理解し，主体的に進路を選択する能力・態度を育てる教育」と定義され，「小学校段階から発達段階に応じて実施する必要がある」とされている。

すでに兵庫県では，1998年度から，阪神・淡路大震災や神戸市須磨区における小学生連続殺傷事件を受け，県下すべての公立中学校の2年生が職場体験等をおこなう「トライやる・ウィーク」事業を実施し，注目を集めていた。その後も，富山県をはじめ多くの地域で，中学生の職場体験を中心としたキャリア教育の取り組みが進められた。

こうした「キャリア教育」への注目は，2004年，「ニート」という言葉が周知されたことによって，本格化する。2004年7月に刊行された玄田有史・曲沼美恵『ニート－フリーターでもなく失業者でもなく』[1]は，教育も訓練も受けておらず就業もしていない若者を意味する「ニート」[2]という言葉を，

---
1 玄田有史・曲沼美恵『ニート－フリーターでもなく失業者でもなく』幻冬舎，2004年。
2 NEET, Not in Employment, Education, or Training の略。内閣府「青少年の就労に関する研究会」によれば，2002年時点でニートは約85万人とされている。

|資料|

初等中等教育と高等教育との接続の改善について（答申）

1999年12月16日、中央教育審議会
http://www.mext.go.jp/b_menu/shingi/12/chuuou/toushin/991201.htm

　学校と社会及び学校間の円滑な接続を図るためのキャリア教育（望ましい職業観・勤労観及び職業に関する知識や技能を身に付けさせるとともに、自己の個性を理解し、主体的に進路を選択する能力・態度を育てる教育）を小学校段階から発達段階に応じて実施する必要がある。キャリア教育の実施に当たっては家庭・地域と連携し、体験的な学習を重視するとともに、各学校ごとに目標を設定し、教育課程に位置付けて計画的に行う必要がある。また、その実施状況や成果について絶えず評価を行うことが重要である。

　同時に、学校教育において情報活用能力や外国語の運用能力の育成等、社会や企業から評価される付加価値を自ら育成するなど、職業生活に結び付く学習も重視していくべきである。

　こうした観点に立って、他省庁や関係団体の協力も得ながら、在学中のインターンシップの促進等による体験的活動を重視していくことや、企業経験者によるキャリアアドバイザーの配置、教員のカウンセリング能力の向上等による進路に関するガイダンス、カウンセリング機能の充実を初等中等教育及び高等教育において進めていく必要がある。その際、生徒等の職業適性や興味・関心を適切に測定する方法の研究・開発を進めていくことが求められる。

　また、専門高校、盲学校等の専攻科の整備充実、各大学・学部等の教育理念や専門分野等の特性に応じた専門高校・総合学科卒業生選抜やそれらの者を対象とする推薦入学の拡大など、専門高校・総合学科等における専門教育の基礎に立ち、一層進んだ学習を希望する者に対する進路の整備を更に進める必要がある。

　さらに、高度専門職業人の養成に特化した実践的な教育を行う大学院の設置の促進等、社会の要請に的確に対応した高度な専門的能力を有する職業人の養成機能の強化を進める必要がある。

（第6章「学校教育と職業生活との接続」第1節「学校教育と職業生活の接続の改善のための具体的方策」より）

広く世に知らしめた。定職に就かずアルバイトで暮らす「フリーター」の増加も含めた若者の就業状況の変化に対応し，キャリア教育を充実させようとする機運が高まっていると言える。現在では，2003年6月に政府の「若者自立・挑戦戦略会議」が出した「若者自立・挑戦プラン」[3]に基づき，文部科学省，厚生労働省，経済産業省，内閣府が連携して，キャリア教育推進を含めた施策を進めている。

このようにキャリア教育は若者の就労状況改善策として注目されているが，ニートやフリーターの増加を若者側の問題としてのみ捉えるのは不適切である。若者が定職に就くことが難しいのは，何よりも，バブル崩壊後の長引く不況によって，企業から十分な求人がないことによる。このことを十分に確認した上で，教育の場でできることとして，キャリア教育を推進する必要がある。

就職が困難な若者たち

小中学校の教師や保護者にとっては，若者の就労問題はやや遠く感じられるかもしれない。しっかり受験勉強をしていわゆる「よい高校」や「よい大学」に進学しさえすれば，就職もなんとかなるという意識も感じられる。

だが，大学での学生たちの様子を見れば，事態が深刻だということがわかっていただけるはずだ。「大学生の学力低下」が2000年頃から指摘されており，確かに簡単な漢字を頻繁に間違える学生や単純な計算もあやしい学生は多い（教育学部の学生で「生徒」を「生従」，「講義」を「講議」などと書く学生が多いのが現実である）。だが，問題はそれだけではない。目上の相手と適切にコミュニケーションできない学生が，顕著に目立つのである。いくつ

---

3 http://www.keizai-shimon.go.jp/minutes/2003/0612/item3-2.pdf

か例を挙げよう。

- 就職試験の模擬面接をする。「志望動機を教えてください」と言うと、視線が斜め上に泳ぎ、決まった台詞をただひたすら思い出そうとする。しかも、その内容は企業概要に書かれていることそのままのことが多い。少しつっこんだ質問をすると、何も答えられなくなる。

- 卒業研究への協力依頼のため、学生が企業に電話をかけることがある。電話に出た相手に端的に用件を伝え、担当者に電話をつないでもらわなければならない。念のため、私が電話の相手の役を受けもって、リハーサルをしてみる。すると、最初に出た相手に2分も3分もかけて詳しく用件を説明しようとする。敬語も、尊敬と謙譲が逆になる。このままでは、電話をかけさせることさえできない。

- 大学の講義中、授業事例のビデオを見せる等して、学生たちに意見や感想を発言させる。だが、最初のうちは、ほとんどの学生がうつむいてぼそぼそと、ごく短い発言をするだけである。通る声ではっきりと自分の意見を話せる学生はまれである。

　もちろん、私たち大学教員も、手をこまねいて見ているわけではない。全学共通の「ライフ・デザイン」という授業では、インタビューをしたりプレゼンテーションしたりする練習を取り入れている。教育学部の「ディベート教育論」という授業では、ディベートを中心に、異質な相手とのコミュニケーションの練習をさせている。卒業研究に関しても、大学外の人たちの協力を得て進めるよう指導している。しかし、このような取り組みができるのは、私がディベート・討論を含めた授業づくりを研究しているからという面がある。基本的なコミュニケーション能力の育成は、高校までの段階で十分に可能なはずであり、大学でこうした指導を拡充していく方向は適切ではない。

現実には，企業への就職でも教員採用試験の受験でも，学生たちの中で明暗がくっきりと分かれてしまう。いくつもの内定（合格）をとる学生と，なかなか内定をとれない学生とに，はっきりと分かれてしまうのである。いくつもの内定がとれる学生は，目上の人が相手でも，相手の話をきちんと聞き，自分の主張を物怖じせず伝えられる者ばかりだ。暗記したことしかしゃべれない学生，質問にすぐに答えられずに黙りこんでしまう学生などは，なかなか進路が決まらずに苦しんでいるのである。

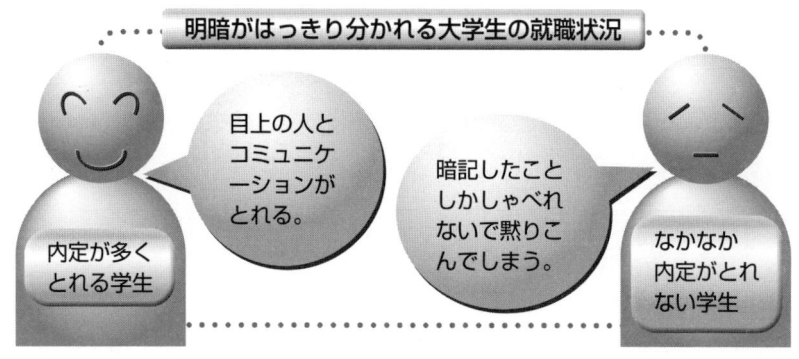

　子どもたちが，異年齢集団であそぶことが少なくなってから，すでに久しい。地域社会の結びつきは弱くなり，子どもたちが近所の大人と日常的に会話を交わす機会は減った。携帯電話やコンピュータといったコミュニケーション手段は発達したが，若い世代では仲間内での他愛ないやりとりにしか使われない傾向がある。子どもたちが日常接する大人は親や教師だけであり，親や教師ともフォーマルで複雑なコミュニケーションはほとんどないのであるから（教師に敬語を使わない高校生が多いのには閉口させられる），目上の相手とのコミュニケーションをとれない若者が多いのも，当然である。複雑なコミュニケーションを経験せずに受験勉強だけにいそしんでも，子どもたちの将来はなかなか開けていかない。小中学校の教師や保護者には，「受験勉強のその先」を見つめてもらう必要がある。

```
┌─────────────────────────────────────────────┐
│      子どもたちの状況は大きく変化している      │
│                                             │
│   ▼ 異年齢であそばない      ▼ 携帯電話やインター │
│     地域社会崩壊              ネットの発達     │
│                                             │
│   ┌──────────────┐      ┌──────────────┐   │
│   │ 日常接する大人は │      │ 仲間内だけのやりとり│   │
│   │   親と教師のみ   │      │   にしか使われない │   │
│   └──────────────┘      └──────────────┘   │
└─────────────────────────────────────────────┘
```

●●「かけがえのない仕事」はどこに？●●

　医学部や薬学部などは別だが，多くの学部の学生たちから，「将来何をやりたいのかわからない」という話を聞く。世の中に何万とある仕事の中から，自分に適したたったひとつの「かけがえのない仕事」を見つけることが，難しいのである。『13歳のハローワーク』[4] をはじめ，各種就職情報等，職業についての情報は今やいくらでも得られる。だが，多くの若者が自分の親の仕事についてすら具体的には何も知らず，職業について実感をとおして知っていることは非常に乏しい。「何をやりたいのかわからない」と言う学生が多いのも，驚くべきことではない。

　さらに，たとえ学生が「この仕事が自分にとってかけがえのない仕事だ」と思ったとしても，その仕事に就けるという保証はない。仕事によっては，競争率の高い企業に就職したり，修行して才能を開花させたりしなければならないのであるから，「自分が選んでも，相手が選んでくれるとは限らない」ということになる。傷つくことを恐れる若者は，「選ばれないというリスクを負ってでも選ぶ」という選択ができず，躊躇することになる。

---
[4]　村上龍『13歳のハローワーク』幻冬舎，2003年。

「かけがえのない仕事」が見つけられない

情報が多すぎて決められない。

夢破れるのが怖くて挑戦できない。

必要なのは「情報」ではなく「確信」

　この状態は，なかなか結婚相手が決まらない人の状態に似ている。世の中に無数にいる異性[5]の中から，自分にとっての「かけがえのない相手」を見つけなければならない。結婚相談所などに行けば，異性の情報は手に入る。だが，いくら情報があっても，「かけがえのない相手」が誰なのかは，わからない。しかも，自分が選んでも，相手が選んでくれるという保証はない。ふられて傷つくのはつらいので，自分からアプローチすることにも，躊躇してしまうのである。

　では，「かけがえのない仕事」に出会うには，何が必要なのか。必要なのは，「情報」ではなく，「確信」である。論理的に自分にとって最善の仕事を決めるには，自分が就くことが可能なすべての仕事を比較検討しなければならないが，それは非現実的だ。すべての仕事について詳しく知ることは不可能であるし，数年後には新しい仕事が生まれているかもしれない。出会うことができた数少ない仕事の中から，自分にとっての「かけがえのない仕事」だと確信できるものを見つけるしかない。たとえ論理的には最善と言えなくても，確信がもてればその仕事に打ち込みやすく，結果的に自分にとって最善の仕事になっていく可能性が高い。（限られた異性の中で「かけがえのない

5　同性愛を視野に入れるともっと緻密な検討が必要となるが，ここでは異性愛のみに限定して論じる。

相手」だと確信できる人と結婚できれば，結果的にその人が「かけがえのない相手」になっていく可能性が高いのと，同様である。）

高度情報社会で，職業についての情報は，いくらでも手に入るようになった。だが，皮肉なことに，情報が多くなればなるほど，若者は「かけがえのない仕事」への確信をもちにくくなっているのである。

●●●「学力低下」は動機づけの問題 ●●●

キャリア教育を推進しようとすると，教師たちから「学力低下批判を受けて，学校では各教科の時間確保に精一杯で，とてもそんな余裕はない」という声が聞こえてくる。だが，こうした教師たちは，問題の捉え方を変える必要がある。私は，キャリア教育の推進なくして学力向上はありえない，と主張したい。

1990年代半ばに大きなピークを迎えた18歳人口は，少子化の進行とともに激減し，2005年現在，ピーク時の約3割減となっている。高校や大学の入学定員はあまり減っていないため[6]，高校入試や大学入試はどこでもかなり楽になっている。しかも，産業構造が変わって大企業が倒産やリストラの憂き目に遭っていたり，公務員のモラルが問われる事態が続発したりする中で，単に学歴を高めることに価値を見い出せない中高生が多くなっていると考えられる。もはや，受験のために猛勉強しようとする子どもは少なく，受験が学習の動機づけとして機能しなくなりつつある[7]。

---

[6] 第2次ベビーブーム世代に合わせて臨時的に定員が増やされたが，臨時的定員増の半数が恒常化されるケースが多く，あまり入学定員は減っていない。
[7] 日本の学校が動機づけに失敗していることについては，社会学者の宮台真司がさまざまなメディアで指摘している。たとえば，宮台真司・藤井誠二・内藤朝雄『学校が自由になる日』雲母書房，2002年を参照。

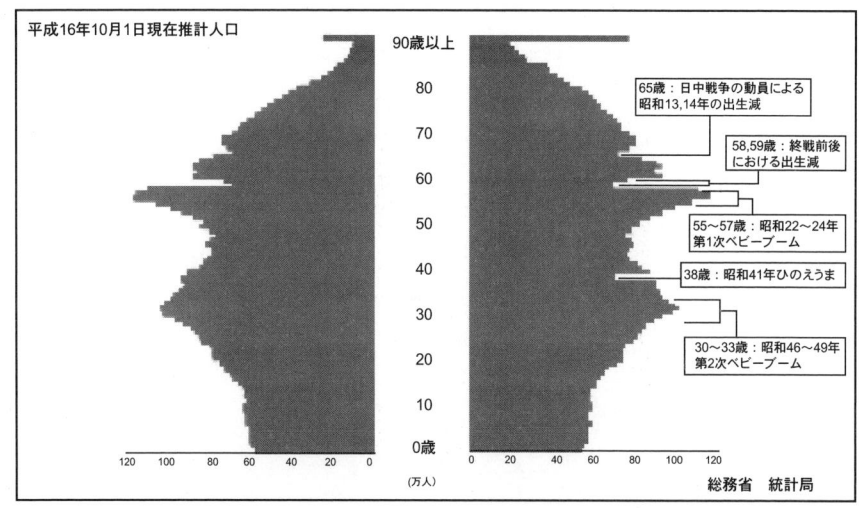

　こうした状況に対応し，受験に代わる動機づけを試みる取り組みが，少しずつなされている。よく知られているのは，1994年から始まっている福岡県立城南高等学校の「ドリカムプラン」（次ページ概要参照）の実践である。これは高校におけるキャリア教育あるいは総合学習として先駆的な実践であり，自己分析，職業研究，大学・学部研究を中心に，ディベート・小論文の学習や海外研修等を加えて，生徒たちの夢の実現に向かって展開されるカリキュラムだ[8]。この実践によって，進学実績が好転したことが報告されている[9]。職業や進学先についてよく調べ，自分の近い将来の姿を具体的に創造できるようにすることが，結果的に生徒たちの学力向上にも寄与することが，この事例から示唆されている。

　「学力向上をとるか，キャリア教育をとるか」という問いの立て方は，誤っている。私たちは，「キャリア教育をとおして，キャリア意識の向上と学力向上の両方をめざす」と考えるべきなのである。

---

[8] リクルート「キャリアガイダンス.net」より。
http://shingakunet.com/career-g/jirei/sougou/20000912001.html
[9] 城南高等学校に問い合わせたところ，「ドリカムプラン」のスタートから十年余が経過した現在では「制度疲労」の兆候が見られるため，リニューアルを検討中とのことである。

福岡県立城南高等学校「ドリカムプラン」の概要

1年 自己理解 → 調査

テーマ：職業
- ドリカムガイダンス
- 10年後20年後の私
- ドリカムグループ編成
- 職業ガイダンスセミナー
- シラバスレポート
- 職業インタビュー
- ドリカム活動
- ドリカム講演会

2年 自己啓発 → 行動

テーマ：学部
- 課題研究（通年）
- ドリカム活動
- 小論文コンクール
- オープンキャンパス参加
- ジョイントセミナー
- ドリカム弁論大会
- 課題研究発表会
- ドリカム講演会

3年 自己実現 → 実現

テーマ：大学
- ドリカム活動
- 小論文コンクール
- オープンキャンパス参加
- ジョイントセミナー
- ドリカム弁論大会
- 進路選択

※小論文日誌は全学年
※ドリカム活動例
校外講演会・公開講座への参加，企業訪問，ボランティア活動，体験入学

資料提供：福岡県立城南高等学校

2 まだ問題が多い「キャリア教育」

●●● 「何がやりたい？」と言われても… ●●

すでにキャリア教育の試みが全国各地でおこなわれているが，まだまだ問題が多い。

まず，教師も親も，「やりたいことを見つけよう」という方針で，子どもたちに「何がやりたい？」と問いがちであることを指摘したい。「キャリア教育」というと，子どもがやりたいことの実現をサポートするものだと素朴に考える人が多いと考えられる。だが，そもそも，「何がやりたいかがわからない」という若者が多いことが問題だということを，忘れてはならない。

もちろん，子どもたちにも，すきなことや興味あることならあるかもしれない。だが，そうしたものを将来の職業に直接結びつけることは難しい。教育学部には「子どもがすきだから教師になりたい」という学生が多く入学してくるが，現代の学校が抱えるさまざまな問題を学ぶと，「やはり私にはできません」と尻込みしてしまう者がいる。テレビゲームずきの子どもたちが「将来の夢はゲーム・クリエーター」などと言うが，実際にクリエーターになるには幅広い知識や教養が必要で，ゲームだけに熱中していてはクリエーターになれない[10]。そもそも，子どもたちは多くのことを学びながら成長しており，考え方の変化も激しい。幼い頃に「やりたいこと」を決めて，それを目標にひたすら努力するという考え方だけでキャリア教育を進めるのは，危険すぎるのである。

---

[10] 本書129ページの「どうしてゲームはやめられないの？」と題したテレビゲームとのつき合い方を考える授業は，こうした問題意識をもとに開発，実施したものである。

テレビゲームとのつき合い方を考える授業では，ゲーム・クリエーターから「ゲームだけやっていてもゲームはつくれない」というメッセージが紹介された。

●●● 向いている仕事なんてやめておけ！ ●●●

　また，職業適性検査をおこなって，個々の子どもが向いている仕事を明らかにしようとする試みが見られる。だが，これも危険である。

　まず，この種の心理テストには一般に限界があり，本心では「やりたい」と思う仕事があってもこの種の検査で否定されたら諦めてしまう可能性がある等，子どもたちが検査結果に不適切に影響される可能性がある。

　また，適性があるとされる職業に就いてしまうと，かえってその世界では個性が発揮しにくく，自分にとって「かけがえのない仕事」だという確信が得られにくい可能性がある。このことを，『ニート』の著者でもある玄田は，次のように説明している[11]。

> 「向いている仕事なんて止めておけ」って言うんです。もし君がマスコミに向いているとしたら，マスコミに行くと，皆同じような人ばかりだぞ。その中では余程才能がない限り輝けないぞって。むしろマスコミとは全然違う世界に行った方がいいよ，そうすれば，君は明るくて企画力があっていいねって評価される。そんなもんじゃないですか。

---

11 インタビュー「玄田有史さんに聞く」(『月刊　フィランソロピー』2005年2月号)

この話が当てはまる例は，枚挙にいとまがない。教育学部の学生で一般企業に就職しようとする者は，「まわりは教員志望ばかりだし，大学が企業向け就職対策もしてくれず，不利だ」と言う。私はこうした学生には，「一般企業受験者で，小学校で教育実習をして小学校教員免許を取得する者はごくまれだ。教育を学んだ経験がいかにその企業への貢献につながるかを考えれば，間違いなく就職に有利なはずであるし，就職後も自分にしかできない仕事を見つけやすいはずだ」と言っている。このことを理解した学生たちは，希望の業界に就職し，教育を学んだ経験を活かして仕事をしている。

　職業選択には，戦略的思考が必要である。自分のすきなことや得意なことを活かす道は，それらに直接かかわる職業だけではない。あえて全く異なる職業を選び，すきなことや得意なことを活かす方法もある。適性検査で指摘された職業をめざさせるのでなく，自分の適性を活かす戦略を考えさせることこそ，キャリア教育が担うべきことである。

「職場体験」の意義と限界

　前述の「トライやる・ウィーク」をはじめ，各地で中学校を中心に，子どもたちが地域の企業や団体に行って仕事を体験する，職場体験の活動がおこなわれている。

　職場体験の意義は大きい。農業や自営業の家庭の子どもを除けば，子どもたちは生産や流通の活動に参加する機会がほとんどない。子どもたちに無関係に社会は動いており，子どもたちは社会が産み出したものをひたすら消費するだけの役割に甘んじている。大人になってから突然に，社会に参加する側に立つのには無理がある。中学生段階での職場体験は，言わば子どもたち

が「社会を動かす側」に立つ，貴重な機会である。

　もちろん，職場体験は，子どもたちの勤労観を養うための貴重な機会である。約束を守る，挨拶をする，しっかりと受け答えするといった，職業人であれば当然の態度を貫くことがいかに大切かということを，子どもたちは学ぶはずである。そして，自分が携わった仕事が，社会の中で確実に，他者に影響を及ぼすということを学ぶであろう。それまで受け身一方であった子どもたちが，「自分も社会を（少しは）変えられる」という思いを抱けるとしたら，そのことが職場体験の最も大きな意義だと言える。

　だが，職場体験には限界があることも，また事実である。子どもが体験できる業種，職種は限られている。たとえば，一般企業における経理，人事，経営関係の部署の体験は困難であろうし，プログラミング，コンサルティング，執筆等，子どもの体験が困難な仕事は多い。当然，地域によって，地域内に限られた業種の事業所しかないところも多いであろう。そして，体験が可能な業種，職種においても，子どもたちが体験できるのはその仕事の表面のごく一部だと考える必要がある。

　職場体験には大いに意義があるが，職場体験だけで十分なキャリア教育が成り立つわけではない。体験することが難しい業種，職種を視野に入れて，職場体験以外の要素を含めたカリキュラムを編成する必要がある。

●●● 誤解を招きやすい「4領域・8能力」 ●●●

　キャリア教育にかかわってよく参照される文書に，国立教育政策研究所が2002年に出した「児童生徒の職業観・勤労観を育む教育の推進に関する調査研究」の報告書がある。この報告書では，「職業的（進路）発達にかかわる諸能力」として，以下4つの「能力領域」と各領域に2つずつ計8つの「能力」が示されて

いる。

　この「4領域・8能力」に関しては，文部科学省「キャリア教育推進に関する総合的調査研究協力者会議報告書」（2004年）でも取り上げられており，キャリア教育を進める学校で参考にされることが多い。だが，この「4領域・8能力」は現段階で決して完全なものではないはずで，無批判に活用しようとするのはまずい。具体的に述べよう。

「人間関係形成能力」がキャリア教育に不可欠であり，その中に「自他の理解能力」や「コミュニケーション能力」が含まれるということは，確かにそのとおりかもしれない。だが，これらの用語は一般的な用語であり，ともすると従来の道徳や国語で扱われている事柄との区別が難しくなる。「何かしたいことがあるときに，多くの人から協力をとりつける能力」あるいは「継続的に協力しあえる関係を築く能力」といったものが，キャリア教育で育てるべき能力であろう。

「情報活用能力」も一般的な用語であり，従来の情報教育で扱われているものの区別が難しい。また，実際の職業の現場には行かずに，インターネットや書籍で情報を集めればそれでよいという誤解を与えてしまう。「さまざまな職業の人に取材できる能力」が必要であるはずだ。

「将来設計能力」は，幼いうちから将来の計画を立てて計画どおりに遂行することが必要だという誤解を与えかねない言葉だ。変化が激しく将来が不透明な現代では，確実な計画を立てることより変化に柔軟に対応できるようキャリアアップすることが必要だ。必要なことは，「多様な大人の生き方を知り，近い未来の自分をさまざまにシミュレートすることをとおして，柔軟にライフ・プランを考えられるようにすること」であろう。また，計画を立てる際には，個人的な利得だけでなく自分がいかに社会に貢献するかを視野に入れるべきであり，「社会に貢献できる生き方を考えられるようにすること」も重要だ。

国立教育政策研究所による「4領域・8能力」

領域	領域説明	能力説明
人間関係形成能力	他者の個性を尊重し,自己の個性を発揮しながら,様々な人々とコミュニケーションを図り,協力・共同してものごとに取り組む。	【自他の理解能力】 自己理解を深め,他者の多様な個性を理解し,互いに認め合うことを大切にして行動していく能力 【コミュニケーション能力】 多様な集団・組織の中で,コミュニケーションや豊かな人間関係を築きながら,自己の成長を果たしていく能力
情報活用能力	学ぶこと・働くことの意義や役割及びその多様性を理解し,幅広く情報を活用して,自己の進路や生き方の選択に生かす。	【情報収集・探索能力】 進路や職業等に関する様々な情報を収集・探索するとともに,必要な情報を選択・活用し,自己の進路や生き方を考えていく能力 【職業理解能力】 さまざまな体験等を通して,学校で学ぶことと社会・職業生活との関連や,今しなければならないことなどを理解していく能力
将来設計能力	夢や希望を持って将来の生き方や生活を考え,社会の現実を踏まえながら,前向きに自己の将来を設計する。	【役割把握・認識能力】 生活・仕事上の多様な役割や意義及びその関連等を理解し,自己の果たすべき役割等についての認識を深めていく能力 【計画実行能力】 目標とすべき将来の生き方や進路を考え,それを実現するための進路計画を立て,実際の選択行動等で実行していく能力
意思決定能力	自らの意志と責任でよりよい選択・決定をおこなうとともに,その過程での課題や葛藤に積極的に取り組み克服する。	【選択能力】 さまざまな選択肢について比較検討したり,葛藤を克服したりして,主体的に判断し,自らにふさわしい選択・決定を行っていく能力 【課題解決能力】 意志決定に伴う責任を受け入れ,選択結果に適応するとともに,希望する進路の実現に向け,自ら課題を設定してその解決に取り組む能力

「意志決定能力」という言葉は，迷わざるをえない状況でも無理やり結論を出せばよいという誤解を与えやすい。しかし，思春期から青年期にかけて徹底的に迷うことは重要である。問題となるのは，親など，周囲の意向に押されすぎて，自分がやりたいことをきちんと説明できずに不本意な進路を選ぶことであろう。重要なことは，「周囲の理解を得られるように，自分の意志を説明できること」である。また，無限にある選択肢すべてから論理的に最善の進路を考えようとしても無理であるから，たまたまめぐりあえた「縁」を大切にして意志決定しようとすることも重要であろう。

　これら以外にも，たとえ他者と異なっても自分には自分なりのよさがあるという自己肯定感を育むことが重要であるはずだ。自己肯定感の形成こそ，キャリア教育が，まずめざすべきことであろう。

3 提案　小学校からのキャリア教育

●●●「キャリア教育の目標」●●●

　では，私たちはキャリア教育で何をめざすべきなのであろうか。これまでの考察をもとに，**キャリア教育の目標**を整理すると，次のようになる。

●キャリア教育の目標●　　（藤川提案）

社会に参加する基礎	ルールやマナー	挨拶すること，約束を守ること，相手の時間を尊重すること等，社会人としてのルールやマナーの基礎を身につけていること
	取材能力	かかわりがなかった人のところに出かけていき，その人の仕事や生き方について取材ができる能力
協力に関する能力	協力獲得能力	自分が実現したいことのために，多くの人々の協力を得る能力
	プロジェクト遂行能力	互いの違いを活かし，チームで協力して活動する能力
かけがえのない自分	社会貢献意識	社会から受けた「恩」に報いることを目指し，社会に貢献できる「利他的な夢」を描こうとする態度を身につけていること
	自己肯定感	他者と違う自分のよさを理解し，「一人でも世界を（少しは）変えられる」という感覚をもつ
戦略的な生き方	縁や出会いの尊重	遭遇した状況に応じて柔軟に計画を修正し，状況の変化を積極的に活かそうとする態度
	提案説明能力	さまざまな制約の中で実現可能な計画を提案し，周囲の人の理解を得られるよう説明できる能力

社会に参加する基礎　とは，キャリア教育の基礎となる大人社会とかかわるための最低限の態度，能力である。ルールやマナーを守って誰にでも取材することができることが，社会の一員として生きていくための最低限の要件である。しかし，こうした態度や能力は，学校の中だけでは養えない。ゲストとのかかわり，地域の方々への取材，職場体験等の機会を重ねる必要がある。

協力に関する能力　とは，一人ではできないことを集団の力で遂行できる能力である。いかなる仕事も，なんらかの形で他者の協力を得なければ成立しえない。必要な他者から協力をとりつけたり，考え方の異なる他者と協力してプロジェクトを遂行したりする能力が，将来職業に就くために必要なことである。

かけがえのない自分　とは，自分を信頼し，社会において有用と認められる生き方をしようとすることだ。自分の利得のみをめざす「利己的な夢」を描いても，未熟で実績の乏しい子どもたちはくじけやすい。しかし，社会貢献意識をもち，社会から受けた「恩」に報いようとする「利他的な夢」を描ければ，子どもたちは使命感をもってかけがえのない生き方を追求できるであろう[12]。

戦略的な生き方　とは，家庭や地域の環境，自分の経験や能力といったさまざまな制約の中で，多様な選択肢から自分のやりたいことを決め，周囲の理解を得られるよう説明できることである。ここでは，たまたま出会った人との「縁」を大切にし，柔軟に状況に対応して生きていこうとする態度も重要である。

---

[12]「利他的な夢」について詳しくは，以下を参照。藤川大祐編，NPO法人企業教育研究会著『企業とつくる授業』教育同人社。

●●● 現行の学習指導要領の中で ●●●

　以上のようにキャリア教育ではさまざまな目標を並行して追求していく必要があるが，このように書くと，「今までの授業に加えて，そんなに時間がとれない」と思われるであろう。だが，現行の学習指導要領の中で，特に時間を増やさなくても，キャリア教育は十分に実施できる。従来の教科，総合的な学習の時間，道徳，特別活動をキャリア教育の観点で見直し，日常の実践の中にキャリア教育の側面をもたせていけばよいのである。

　この際，**直接的なキャリア教育**と**間接的なキャリア教育**を区別して捉えることを提案したい。**直接的なキャリア教育**とは，職業や生き方等，キャリアに関わる内容が主たるテーマとなっている教育活動である。職場体験や職業調べ等が該当する。**間接的なキャリア教育**とは，教科等の内容が主たるテーマとなりながら，キャリア教育の要素ももっている教育活動である。本書に収録されている実践の多くは**間接的なキャリア教育**の実践である。たとえば，次のように。

　プロから学ぶ新聞づくり ……言語技術の習得が主な目的であるが，新聞記者等の仕事ぶりに接することをとおして，取材をして伝えるという仕事についても学ぶことができる。

　太陽光発電について学ぼう！ ……エネルギー問題について学ぶ授業であるが，太陽電池の開発をしている人に接することをとおして，エネルギー問題の解決という「利他的な夢」を目指す仕事について学ぶことにもなる。

　どうしてゲームはやめられないの？ ……テレビゲームとのつき合い方を考える授業であるが，子どもに人気のあるゲーム・クリエーターという職業のあり方を学ぶ授業でもある。

具体的には，キャリア教育を次のように進めていくべきであろう。

各教科

- 各教科の目標を主にめざした授業をおこなう中で，キャリア教育の側面をももたせた**間接的なキャリア教育**を日常的におこなう。
- 国語を中心に，「取材能力」や「提案・説明能力」を高める基礎となる言語技術教育の内容を充実させる。
- 子どもたちが自己肯定感を高められるよう，互いの考えを出し合い，認め合えるような教育方法を活用する。

総合的な学習の時間

- 学年段階に合わせ，職業調べ，職場体験，大学調べ等の**直接的なキャリア教育**を多くおこなっていく。
- 国際，情報，環境，福祉といったテーマを追求する中でも，現代的課題に立ち向かう人々の姿にふれる**間接的なキャリア教育**を展開する。
- 「協力に関する能力」を高められるよう，集団で協力して取り組む学習や外部の人の協力を求める学習をおこなう。

道　徳

- 使命感をもって社会に貢献することや，互いの考え方の違いを超えて協力すること，社会全体の利益のために多くの人々の協力を得ることなどを扱った教材を積極的に取り上げ，「協力獲得能力」や「社会貢献意識」を高めることをめざす。

直接的なキャリア教育
キャリアにかかわる内容が主たるテーマとなっている。

間接的なキャリア教育
他の内容が主たるテーマとなりながら，キャリア教育の要素もある。

> 特別活動
> - 地域の人々等，学校外の多くの人とかかわり，さまざまな生き方にふれながら，多くの協力を得て活動をつくりあげるような経験をさせる。
> - 役割分担の中で自らの新たな姿を発見する機会を多く設け，自己肯定感を高めつつ戦略的に生きられる基礎を築く。

　小学校段階においては，日常の各教科等の中で**間接的なキャリア教育**を進めつつ，たとえば5年生あるいは6年生の段階で職業調べの活動をおこなって職業観・勤労観を育てる基礎を築くことが中心となるであろう。中学校段階においては，職場体験を核とした**直接的なキャリア教育**を展開しつつ，引き続き日常の授業で**間接的なキャリア教育**を充実させるとよいであろう。高校段階においては，大学・学部調べや職業調べに重点を置きつつ，各教科の内容にかかわる専門家にふれる等，各学校の特色に応じた**間接的なキャリア教育**を進めるとよいであろう。

　なお，**間接的なキャリア教育**を進めるにあたっては，日常の教科等の内容を，プロだったらどのように扱うかという視点で見直すことが中心となるはずである。たとえば，「話す・聞く・読む・書く」といった言語活動であれば，新聞記者，アナウンサー，テレビキャスター，編集者，テクニカル・ライター，作家等の職業を念頭に置き，それぞれがどのようにして仕事をしているかを参考にし，これまでの国語の授業を見直すこととなる。本書に収録した「**プロから学ぶ新聞づくり**」の授業は，まさにそうした発想で考案されたものである。他にも，算数の図形の学習であれば建築士や空間デザイナーの仕事，理科の磁石の授業であれば工業製品を開発している人の仕事，家庭科の食の授業であれば食品の生産や流通に携わる人の仕事というように，教育内容にかかわる仕事をしている人の姿を念頭に置いて教育内容を見直すことが求められる。これまでの学校教育の枠組みをとりあえず外して，学校外の社会における知識の使われ方に目を向ければ，それが**「間接的なキャリア教育」**の教材研究に繋がるはずである。

次の図は，私たちNPO法人企業教育研究会が，千葉県教育庁及び千葉県商工労働部と協同して進めている千葉県版「地域自立・民間活用型キャリア教育プロジェクト」（経済産業省から受託）におけるキャリア教育カリキュラムの考え方を示したものである。ここまで論じてきたキャリア教育の具体的なあり方を，この図の中に示しているつもりである。

～企業が必要としているスキルを身に付けられる授業～

平成14年度千葉県労働関係特別調査で，企業側が必要な業務スキルとしてあげている（上位10項目）は，①実践行動力，②目標達成，③状況把握，④役割協働，⑤口頭コミュニケーション力，⑥計画立案，⑦信頼構築，⑧顧客ニーズ理解，⑨分析洞察，⑩思考判断

企業のニーズ

④役割協働 ⑦信頼構築	③状況把握 ⑥計画立案	①実践行動力 ②目標達成	⑤口頭コミュニケーション力 ⑧顧客ニーズ理解	⑤口頭コミュニケーション力 ⑩思考判断
製造現場やメンテナンス現場での先輩社員からの技術の継承，信頼関係の構築が必要なため，人に共感できる広い感性と他者を尊重する態度が必要	将来世代のための新エネルギーや交通インフラの構築のために，将来的な目標を見据えた意識が必要	最新の製品を開発するため進取の精神，独自の研究を推し進めるモチベーションの高さが必要	先端技術を注ぎ込んだ製品を世に広く理解して使ってもらうために，高度なプレゼンテーション能力が必要	取引先が海外なので，高度なコミュニケーション能力が必要

授業の組み立て

「人」を媒介とした授業	「正式な依頼」という手法	「利他的な夢」にふれる	「認められたい」欲求	コミュニケーション能力の重視
企業で活躍する人の姿に共感させる。	お互いを尊重し責任ある活動の動機付けをおこなう。	人に役立つ実感から自らの仕事に誇りをもつ。	認められたい気持ちを学習意欲に繋げる。受身にならない授業。	相手の話を判断して更に質問。伝わる話し方の練習。

ACEが提唱する5つの観点

体系化

小学校 働く人の姿が見える	中学校 社員の成長過程が見える	高等学校 スキルの取得，進路選択

小学校・中学校・高等学校一貫の体系的カリキュラムの確立

4 求められる企業の教育貢献

●●● 次世代育成こそCSRの柱 ●●

　ここまで論じてきた「キャリア教育」は，民間企業をはじめとする学校外の人々の協力なしには成り立たない。私たちNPO法人企業教育研究会では，「企業とつくる授業」として多くの企業の協力を得て新しい授業実践を開発してきた[13]。他にもこうした取り組みをしている企業・団体があり，企業単独での試みも多くなっている。こうした動きが拡大していかなければ，キャリア教育の充実はありえない。

　企業の側から見れば，キャリア教育をはじめとした学校教育への貢献は，CSR（企業の社会的責任）に関する活動として位置づけられるべきものであろう。CSRとは企業がステークホルダー（利害関係者）に対して果たすべき責任と考えられ，近年では地域社会や消費者等，幅広い対象に対して多様な責任を果たすことが求められている。

　企業の学校教育への貢献を含む「次世代育成」は，CSR活動の柱として位置づけられるべきものだ。企業が持続的に活動を維持するためには，次の時代の社会が安定的に維持されることが大前提として必要であり，将来の自社あるいは関連企業にすぐれた人材が確保され，消費者をはじめとする各種ステークホルダーが育たなければならない。

　周知のことであろうが，1990年ごろまでは，学校教育と企業の人材育成と

13　本書のほか，前出の『企業とつくる授業』（教育同人社，2003年）参照。

の間には，一定の距離が置かれていた。企業は学校に対して即戦力としての人材育成を期待せず，一定の学歴をもった者を入社後に教育して時間をかけて一人前にしていった。終身雇用が前提となっていたため，かなりのコストをかけて社内教育をしても，社員たちがコストに見合った貢献を企業にもたらすことが期待できた。しかし，バブル崩壊後の不況が続く現在，企業は社内教育に多くのコストをかける余裕がなくなり，終身雇用制が崩れつつあることともかかわって，採用段階で即戦力を求める企業が増えつつある。

学校教育の側でも，時代の変化への対応は模索されつづけている。1990年代からは「生きる力」を育てることを重視し，子どもたちのコミュニケーション能力や問題解決能力を高めることをめざして教育内容を修正してきている。だが，皮肉なことに，時代の変化に対応しようとすればするほど，学校が時代の変化に追いついていないことが顕わになってしまっている。学校外の社会についての経験が乏しい教師たちだけでは，キャリア教育をはじめとする新しい試みを進めることは困難なのである。

幸い，2002年度から「総合的な学習の時間」が導入され，学校外の人々がゲスト・ティーチャーとして学校を訪れ，授業をおこなうことが珍しくなくなっている。学校の側でも，学校外の人々の力を借りて教育実践を充実させることへの抵抗は少なくなった。企業の教育貢献を進めるための素地はすでに準備されているのである。

●●● 単なる資金提供でなく，自社ならではの教育貢献を ●●●

企業による社会貢献というと，NPOなどへの資金提供というイメージがあるかもしれない。だが，社会貢献の一環としての教育貢献を，単なる資金提供と考えることは不適切だ。確かに学校教育は政府や自治体の財政難の影響を受けて，常に資金難の状態であり，資金提供自体の意義は大きい。だが，教育実践への実質的な貢献を考えると，単に資金を出すだけでなく，実践の

内容に対して自社ならではの貢献のあり方を考えることが求められる。

本書に収録した読売新聞社による「言語技術教育プログラム」(**本書には「プロから学ぶ新聞づくり」として収録**)を例に,「自社ならではの貢献のあり方」について具体的に見てみよう。読売新聞社(読売新聞東京本社)は2004年,「教育支援部」という部署を設け,教育への貢献のあり方の本格的な検討を始めた。担当者は多くの教育関係者に取材を重ねて,具体的な貢献策を検討し,貢献策の一つとして実現したのが,私たちNPO法人企業教育研究会と連携した「言語技術教育プログラム」の開発及び実施であった。このプログラムには,次のような4つの特徴がある。

1. 学校教育のニーズに合ったプログラムの開発をめざしている。すなわち,総合的な学習の時間等で子どもたちが取材したり発表したりする機会が多くなっているにもかかわらず,子どもたちに取材や発表について効果的に指導する方法が確立されていないという状況に対応している。

2. 読売新聞社が,自社のリソースを提供して,授業実践開発担当者が学ぶ場を設けている。すなわち,このプログラムの開発を担当するNPO法人企業教育研究会の学生スタッフがミニ・インターンシップと言える形で読売新聞社における職場体験をさせていただき,新聞社の仕事について一定の理解をした上で授業づくりができるようにした。

3. 授業においては,読売新聞の記者が教室を訪れ,その場でインタビューや記事執筆の様子を披露したり,子どもたちの活動に対してコメントをしたりと,授業に記者ならではの仕方で参加している。

4. 同様の授業を多くの学校で実施できることをめざして,教材を含めたプログラムの開発をおこなっている。記者等の仕事を紹介する教材としては,くり返し使用できるビデオ教材を作成し,授業の基本的な手順を確立し,文章教材やワークシートも作成している。将来は,全国各地の学校を記者が訪れて授業をおこなうことが可能である。

以上のように，読売新聞社がもつリソースを活用して，効果的に学校教育への貢献ができることがめざされている。もちろん読売新聞社だけの力で全国すべての学校の授業にかかわることはできないが，この「言語技術教育プログラム」が広く知られるようになり，他の企業がまた違ったプログラムを提供したり，これらに触発された教師たちが独自のプログラムを開発したりすれば，全国の学校の言語技術教育の水準を高めることができるはずである。そうなれば，子どもたちの「取材能力」や「提案・説明能力」が向上という面や，記者の仕事ぶりに接するという面で，キャリア教育の充実にも繋がるであろう。

　読売新聞社の例を見てもわかるように，コーディネート団体の役割は重要である。企業単独では，学校のニーズに合った授業実践を開発することは難しく，ともすれば企業の宣伝と受け取られる活動にとどまってしまいかねない。教育に関して実績のある団体とのコラボレーションが，実質的な教育貢献を可能にするのである。今後は，企業，学校，コーディネート団体のネットワークを構築していくことが重要な課題となっている。私たちNPO法人企業教育研究会の呼びかけに，企業の方々が応えてくださり，2005年4月，「教育貢献活動推進協議会」（**CE協議会** ※詳細は163ページ参照）を発足させることができた。「**教育への貢献**」（Contribution to Education）を意味する「**CE**」という言葉が社会に広く認知されるよう，活動を充実させていきたいと考えている。さらに多くの企業の参加を求めたい。また，全国の教育系大学等に，授業づくりをコーディネートできる団体ができることを願っている。

●●●「子どもに教える」のではなく「子どもの話をきく」●●●

　最後に，実際の授業における企業の方の役割について述べておきたい。

　企業の方が授業に参加するとき，子どもたちに「教えたい」という気持ちをもつことが自然である。だが，「教えたい」という気持ちばかりが前面に出ると，授業は一方的な講演会のようになりかねない。一方的に話をするだけでは成立しにくいのが，教育の難しいところである。

　私たちが授業をつくる際に企業の方にお願いするのは，子どもの話をよくきいていただくことである。授業の中で，子どもたちは与えられた課題に真摯に取り組む。その過程で子どもたちが考えたことや，最終的に子どもたちが提案することに対して，企業の方に受け止めてもらい，真剣にコメントしてもらいたいのである。

　現代は情報社会であり，子どもたちのまわりには情報があふれているので，子どもは情報には飢えていない。だから，子どもたちの知的好奇心に訴える授業には限界がある。他方，子どもたちの中には自己肯定感が低いものが多く，社会に参加しているという感覚が乏しいので，社会の中核にいる人から自分の存在を認めてもらいたいという思いが潜在的にある。このため，子どもたちの「承認欲求」（認められたいという欲求）に応えることこそが，求められるのである。子どもたちは，「認められた」という実感をとおして，授業の内容を切実なものとして学び，職業観や勤労観を得ていくと考えられる。

　他人事にしか思えない情報を大量に与えられるより，一人の大人が真剣にかかわってくれることが，子どもが生き方を決めるのに大きく影響することがありうる。このことを心にとめた企業の方々が多く学校にかかわってくれるようになったときが，日本の学校にキャリア教育が定着したと言ってよいであろう。

第2章

実践事例
ワークシートつき

直接的なキャリア教育

間接的なキャリア教育

直接的なキャリア教育

地元商店街のPR番組をつくろう！

①

協力企業名：テレビ朝日映像株式会社

協力：西千葉ゆりの木商店街

授業データ

執筆　阿部　学

学　　年：6年生
総時間数：10時間
教　　科：総合・情報
- 地元商店街のPR番組をつくろう！

実践校：千葉大学教育学部附属小学校　6年

授業概要

本授業は，商店街からの正式な依頼を受けPR番組を制作する過程で，子どもたちが番組を制作するための取材活動をとおして，地元商店街で働く人々の思いにふれ，働くことや仕事を身近に感じさせる。

また，テレビ朝日映像株式会社のプロのサポートいただき，番組制作の仕事についても理解を深める。

授業のねらい

- 地元商店街の依頼を受け，責任感・目的意識をもった仕事をすることができる。
- 地元商店街を取材することにより，身近な場所で働く人の姿にふれることができる。
- 番組制作のさまざまな仕事について体験的に理解することができる。

指導計画

全10時間

時間	学習活動	支援・留意点
1	① 商店街の方からPR番組制作の正式な依頼を受ける。 ② グループを決める。	責任をもって請け負うことができるかを確認する。
2	③ テーマを決め，リサーチの計画を立てる。	プロデューサー，ディレクター，レポーター，カメラ，選曲，照明，編集等の仕事を分担する。
3	④ 商店街のリサーチをする。	デジカメで写真を撮り，企画や絵コンテ作成の資料にする。
4	⑤ 企画書，絵コンテ作成する。	
5	⑥ 商店街の方々へ企画のプレゼンテーションをする。	クライアント（商店街の方々）の意見を聞き，企画を修正する。
6	⑦ カメラマン講座，アナウンサー講座（テレビ朝日映像）	カメラワークの基本をプロから教えてもらう。 自分たちの企画に照らし合わせて，アドバイスをしてもらう。
7・8	⑧ 絵コンテをもとに撮影する。	撮影後，映像をプレビューし，足りないものや撮り直しが必要なものがあるかチェックする。
9	⑨ 編集をする。	編集は，PCを使い，教師やACEのメンバーがサポートする。
10	⑩ 試写会	商店街の方々を学校に招く。 商店街の方々に仕事の完了を確認してもらう。

地元商店街のPR番組をつくろう！

授業の実際

T：教師（授業者）　C：子ども

学習活動	支援・留意点
1時間目	
15分　商店街のPR番組をつくろう！	正式な依頼を受ける。
T：今日は皆さんにお願いがあるという方々が教室にいらしています。学校のそばの「ゆりの木商店街」の方々です。 ゆりの木商店街(Y)：皆さん，はじめまして。今日は皆さんにお願いがあって来ました。	
正式な依頼 　私たちの街は，人と人とがつながる楽しい街を目指していろいろな活動をしています。そこで今回は，みんなに商店街のPR番組をつくってもらえないかなと思いました。	責任をもって仕事を請け負うことができるかを確認する。
▶簡単に引き受けようとする子どもたちに，仕事として依頼していること，請け負ったら失敗は許されないことを伝え，責任をもってやりきることができるかを確認する。	今後は，商店街がクライアントの立場になって活動をしていく。
15分　商店街にはどんな店があるのかな？	
▶商店街の方々に，今後の活動の参考になるよう，商店街の風景を撮影したビデオと大きな地図を見ながら「どんな店があるのか」「どんな取り組みをしているのか」などを説明していただく。	■ビデオ （あらかじめ商店街の風景を撮影したものを用意しておく。）
15分　グループをつくろう！	
▶「責任をもってよい仕事ができるメンバー」ということを意識させて，40人学級を8人ずつ5グループをつくらせる。	
2時間目	
25分　グループごとにテーマと役割を決めよう！	
子どもたちの決めたテーマ ①街全体をPRしよう！…（元会長さん出演）工夫の多い商店街だから全体を見た方が街のよさを伝えられると思った。 ②グルメリポート…見る人がおいしそうと思っていっぱい商店街に来てくれると思った。	■ワークシート （テーマと理由・役割分担）

学習活動	支援・留意点
③**畳屋さんに密着**…畳屋さんが熱心に話している映像（前時）を見て取材してみたいと思った。畳づくりを体験してみたい。 ④**コーヒーショップの店長に迫る**…雰囲気がよくて心が和むような店だと思ったから取材してみたい。 ⑤**ショップ紹介**…自分たちの興味のあるお店を紹介したい。 ▶テーマが決まったら、プロの仕事の仕方を説明し、一人ひとりが責任を自覚して仕事をすすめられるよう、役割を決めさせた。	👆 取材する店やテーマがかぶらないよう調整する。 👆 プロデューサー，ディレクター，レポーター，カメラ，選曲，照明，編集などの仕事を分担する。

20分　リサーチの計画を立てよう！

●**街全体をPRするグループ**
▶元会長さんに電話で取材・出演の依頼をする。

C:「先日はありがとうございました」かな？
C:「先日はどうもありがとうございました」じゃない？
C:「どうも」はいらないかな？…かけるよ。
C:あの，千葉大学教育学部附属小学校6年3組の○○と申します。あの，かい，ちょうさんでしょうか・・・？　あの，PRの，番組をつくるのに，出演していただきたいのですが，よろしいでしょうか？……　はい，ありがとうございます。

▶電話での依頼は初めての経験であり，挨拶の仕方から綿密に打ち合わせる必要があった。

👆 子どもがプロとして仕事をすることが目標なので，試行錯誤する過程や失敗する過程を大切にし，子ども自身が問題を解決していけるよう支援する。

3時間目

45分　グループごとにテーマと役割を決めよう！

▶よりよいリサーチのために，テレビ朝日映像の吉田さんからのアドバイスをもらう。

①自分の感じた「なぜ」「どうして」「何が」の疑問の答えを探る。
②パッと見ただけではわからない人，モノの裏にある魅力にせまる。
③わからないことがあると人に伝えることができないので自分が納得するまで話を聞く。

■デジカメ

▶リサーチには，デジカメを用意し，写真を撮り，絵コンテ作成の参考にする。

地元商店街のPR番組をつくろう！

学習活動	支援・留意点
●元会長さんに取材したグループ C：おすすめの店を3軒教えてもらえますか？ 元会長：おすすめを3軒だけ挙げると他の店はどうなのってことになっちゃう。それは街の考えとは違う。 ▶その後，元会長さんに案内で，街全体の工夫を（花が多い，地域通貨がある等）を説明していただき，普段は見過ごしがちな街の取り組みを知り驚いていた。 ●飲食店を取材したグループ (仕込みの時間だったので) 店主：おじさん今，手離せないんだよー。 ▶実社会では，自分たちの都合を優先できない難しさがあり，事前に都合のよい時間を調べておくことの大切さに気づくことができた。自分たちの考えた企画もクライアントの意図で採用されないこともある。そういったことを体験的に学ぶことができた。 ●ショップを取材したグループ ▶4軒をリサーチする予定だったが，閉まっている店や，時間の制約もあり，2軒しか取材することができなかった。時間内で取材できるよう，事前に計画をつめておくことの大切さに気づくことができた。	 

4時間目　45分

企画書，絵コンテをつくろう！

▶リサーチを元に企画書と絵コンテを作成する。
企画書は次の時間に商店街の方々へプレゼンする際に使用する。企画に対し意見が激しく対立する班もあった。

> **プロからのアドバイス**
> 実際の番組制作でも，意見が対立することはよくある。よい番組をつくるためにはお互いが主張することは大切なことだ。

■ワークシート①②

☞商店街の方が見ても内容を理解できるか，商店街の方の意図にそっているかを重視する。

5時間目　45分

はじめてのプレゼンテーション

▶考えて作成した企画書ではあったが，抽象的な内容が多く，クライアントの商店街の方からは，実際にリサーチしていないことを企画に盛り込もうとした班には，「君たちはそのものの本当のよさを理解していないよね？」との厳しい指摘や「子どもとして番組をつくるんじゃなくて，大人として誰が見ても納得できるものをつくってほしい」と大きな期待をされている意見をもらった。
子どもたちはプレゼンで受けた意見をもとにさらに企画を練り直した。

学習活動	支援・留意点

6時間目 45分

カメラマン・アナウンサー講座

▶撮影の前にテレビ朝日映像のプロカメラマンやアナウンサーの方からカメラワークや，伝わるレポートの仕方などについて教えていただいた。また，それぞれのグループの企画に照らし合わせて，アドバイスもしていただいた。

■ビデオカメラ
■マイク

7・8時間目 90分

とうとう撮影だ!!

▶商店街とは事前に時間や撮影内容を伝え，撮影にのぞんだが，学校外での活動なので，車の音を拾ってしまったり，通行人が映り込んでしまったり，店でのレポートに緊張してしまったりで，満足のいく映像までには至らなかった。また，打ち合わせ不足で撮れない映像があったりで，番組制作の難しさを実感した。

畳屋さんグループでは，以下のような場面もあった。
C：「いらっしゃいませ」って入り口で言ってもらえますか？
畳屋店主：こっちは役者じゃないんだから芝居はできないよ。みんなはお客じゃないだろう？
C：簡単にお願いしてやってもらえると思ったけど，そこがちょっと作戦ミスだった。

▶初日の撮影後，教室で映像をプレビューし，足りない映像や撮り直しの映像を確認した。

☞ 大人が見ても満足する画像になっているかを意識させる。（「撮れていればいい」というのでは終わらないようにする。）

9時間目 45分

撮影したビデオを編集しよう！

▶パソコンで教師やACEメンバーの支援を得て，絵コンテを元に編集した。

10時間目 45分

試 写 会

▶商店街の方々を学校に招いて試写会を開催した。子どもたちの作品を見た商店街の方々は，「よくここまで仕上げてくれ，心から感謝しています。この作品をいろいろなところで上映していきたいと思います。」と子どもたちに伝えてくださった。この後，商店街の夏祭りや大学の授業などでも上映され，見た人が商店街へ足を運ぶといった成果も子どもたちに伝えられた。

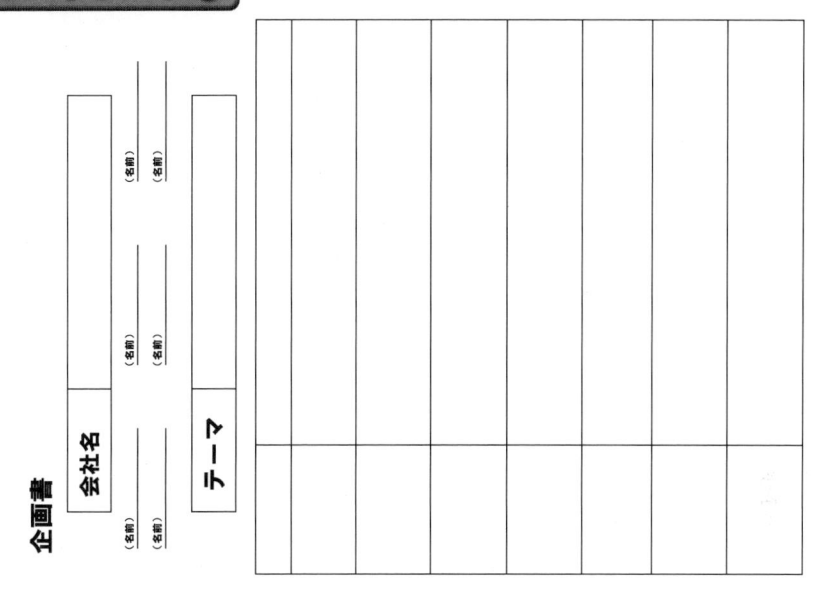

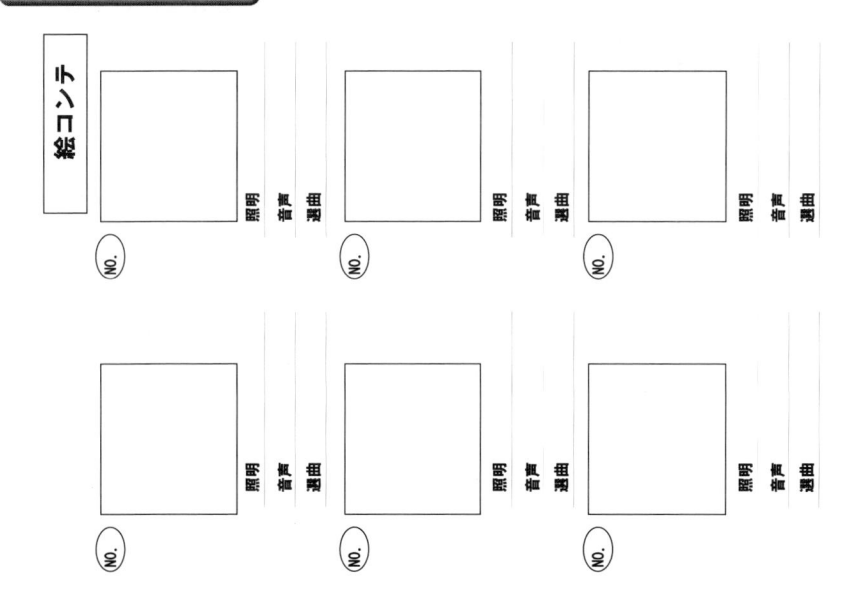

地元商店街のPR番組をつくろう！

ワークシート❶

企画書

会社名 ／(名前) ／(名前) ／(名前) ／(名前)

テーマ

ワークシート❷

絵コンテ

(NO.) 　照明／音声／選曲
(NO.) 　照明／音声／選曲
(NO.) 　照明／音声／選曲
(NO.) 　照明／音声／選曲
(NO.) 　照明／音声／選曲
(NO.) 　照明／音声／選曲

45

Message …授業を終えて…

　普段の授業では，教師の方で子どもが活動しやすいように場面設定をすることが多いと思われるが，実社会を相手にすると，当然ながら自分たちの都合を優先できないため，計画どおりに活動を進めていくのは難しい。そういった状況の中，責任ある仕事をやり遂げたことにより，子どもたちは働くことの厳しさや，やりがいを肌で感じることができたのではないかと思う。また，身近な地域で働く人に継続的・相互的にふれたことにより，働くことについて具体的なイメージをもつことができたのではないかと思う。商店街の方々が子どもたちにおもねることなく，大人対大人として接してくださったことに感謝したい。

NPO法人 企業教育研究会　授業担当　　阿部　学

　番組制作の重要な点の一つが想像力。といってもＳＦなどの空想ではなく，ごく当たり前な日常生活，行動パターンの想像力。たとえば人物ドキュメンタリー番組の場合，取材でその人物に接触するのはその人の人生の一瞬にしか過ぎない。重要なのは自分が直接知った内容の背景に何が潜んでいるかを突き止める力。「自分は知っている」と思っている事はほんの一部だと自覚し，その外を知る事が必須。今回の授業では真剣勝負している商店街の人に接し，怒られたり，相手にされなかったり，と思いもしなかった事を経験。つまり自分本位では通用しない事実。この体験はこれから先何かをする時に「ちょっと待てよ」と待ち受ける事を事前に想像しようとする足がかりになったのではないかと思った。

テレビ朝日映像株式会社　プロデューサー　　吉田　知則

地元商店街のＰＲ番組をつくろう！

　「ゆりの木商店街を元気にする」というＰＲ番組をつくるという考えでスタートした６年生。仕事を見て，会話をしてふれあい，番組制作を続けるなかで，技術・知識・目的・発見・トラブル・計画・努力・ルール・チームワーク・責任などの体験をしながら，学校，先生，仲間，家族との生活の中だけでは得られない人間力が高められていき，私達をも元気にさせる素晴らしい番組ができました。

西千葉ゆりの木商店街店主　　海保　真

児童の感想

　このプロジェクトで，僕達のグループは七人だったので，虹の七色とかけて「ゆりの木レインボーズ」とグループ名をつけた。個性豊かな七色は，失敗をしたり，よりよい作品を作りたいという熱い思いがぶつかったりしてけんかもよくしていた。でも，最後には七色すべてが最高の色となり輝いていた。このプロジェクトに参加をして一つのものを作り上げる大変さ，仲間の大切さを学ぶ大変貴重な体験をすることができた。

千葉大学教育学部附属小学校　　小守谷　慶太

　これまでの教室での授業では，一生懸命やればどんな結果になろうとも，決してとがめられることはありませんでした。しかし，実際の社会に出れば，結果がすべてであり，どんなに一生懸命取り組んでも結果が出なければ意味がないということを子どもたちは活動をとおして学んだように思います。
　また，何か一つのことをやり遂げる時には，うまくいかないことが当たり前であり，計画を確実に遂行するためには，綿密な計画とチームワークが必要であることも学びました。今後は「ゆりの木商店街」との関係がこれで終わりということではなく，一人でも多くの児童が何らかのつながりを深めていってくれればと思います。

千葉大学教育学部附属小学校　教諭　　向井　浩二

直接的なキャリア教育

すきなことを将来の仕事にする！

②

協力企業名：株式会社千葉ロッテマリーンズ

授業データ

執筆　谷山　大三郎

学　　年：中学生
授業時間：2時間（50分×2）
教　　科：総合・情報
　●すきなことを将来の仕事にする！

実 践 校：千葉市立幕張本郷中学校　1年生

授業概要

　地元千葉ロッテマリーンズ球団事務所の協力を得て，球団を支える仕事の中でも，子どもたちも目にしているポスターから企画広報という仕事を紹介し，球団を盛り上げるイベントを企画することに挑戦させる。また，担当者の野球がすきだったからという仕事への思いを伝え，将来の職業選択のひとつのあり方を伝える。

授業のねらい

- ファン，お客様のために（他者のために）働く生き方を知ることで，豊かな人間性を育み，社会人としての資質を高める。
- 実際に，働いている方から話を聞くことで，働くことへの意欲の高揚をめざす。

指導計画

全2時間

時間	学習活動	支援・留意点
事前準備	「プロ野球にかかわる仕事といえば何？」というアンケートを実施し，集計したものを模造紙にまとめておく。	■アンケート用紙
第1時	① アンケート結果をもとに，プロ野球を支える仕事はたくさんあり，働く人が見えないものもあることを知る。 ② 球団企画広報担当者荒木重雄さんの，千葉ロッテマリーンズのポスターに込められた思いを知る。さらに，ポスター作成以外にもたくさんある企画広報の仕事をビデオ教材で知る。	☞ アンケート集計結果表を作成しておく。 ☞ 千葉ロッテマリーンズのポスターを用意し，貼っておく。 ■ビデオ教材
第2時	③ 広報企画という仕事を知り，球団を盛り上げる企画を考える。 ④ 考えた企画を発表し，コメントをいただく。	■ワークシート（企画書）

すきなことを将来の仕事にする！

授業の実際

T：教師（授業者）　C：子ども

学習活動	支援・留意点

第1時

15分　プロ野球を支える仕事って何？

T：ここにまとめてあるのは，みんなに答えてもらった「プロ野球にかかわる仕事といえば何？」というアンケートの結果です。選手や監督と答えた人が多いですね。アナウンサー，マスコットに入る人と答えた人もいます。実は，まだ，この他にも仕事がたくさんあります。どんな仕事があるかもう一度考えてみてください。

C：マリンスタジアム行ったとき，お父さんがビール買ってた。…

C：花火師／チアガール／評論家…

T：みんなが答えてくれた仕事は，ほとんどが，働いている人が見える仕事ですね。プロ野球を支える仕事には，働いているところをみんなが目にしないものもあるんですよ。
今日は，そんな仕事のひとつ，企画広報という仕事を紹介します。

☞ アンケート集計結果を掲示しておく。

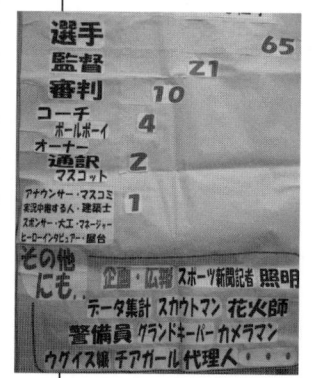

選手　65
監督　21
審判　10
コーチ
ボールボーイ　4
オーナー
通訳　2
マスコット　1
アナウンサー・マスコミ
実況中継する人・建築士
スポンサー・大工・マネージャー
ヒーローインタビュアー・屋台
その他にも
企画・広報　スポーツ新聞記者　照明
データ集計　スカウトマン　花火師
警備員　グランドキーパー　カメラマン
ウグイス嬢　チアガール　代理人

20分　企画広報の仕事を知ろう！

T：今日は，マリーンズの企画広報の仕事を担当している荒木重雄さんに来ていただきました。企画広報の仕事は，どんな仕事をするのでしょう。

▶生徒が気がつくようにポスターを貼っておく。

C：ポスター？

T：そう！このポスターをつくるのも企画広報の仕事のひとつです。

T：実は，このポスターには荒木さんが考えたたくさんの工夫があります。さて，どんな工夫でしょう？ポスターをよく見て気がついたことをあげてください。

C：1人の選手しかいないし，名前と背番号がポスターに書いてある。

C：顔が，大きく写っている。

C：後ろに投げている姿も写っている。

▶生徒に自由に発言させる。

T：では，荒木さんに正解を聞いてみましょう。

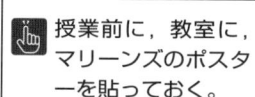

☞ 授業前に，教室に，マリーンズのポスターを貼っておく。

☞ 05年4〜9月に毎月1人の選手に焦点をあててつくったポスターを貼っておく。

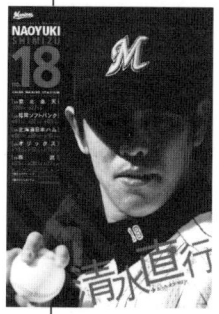

＊05年4月

51

学習活動	支援・留意点

荒木さん：はい！すべて正解です。私は，もっといろいろな人に千葉ロッテマリーンズを知ってもらうにはどうしたらいいかと考えました。そこで，選挙ポスターを思いつきました。まず，選手の顔が大きく写った写真を使い，ポスターの中に大きく選手の名前と背番号を載せました。また，選手の特徴が出るようにその選手の特徴的な動き（たとえば，ピッチャーである清水選手なら投げている姿）がわかる写真を選びました。毎月一人ずつ活躍が期待される選手をポスターにして掲示し始めると，お客さんがたくさん試合に来てくれるようになりました。知らない選手がプレーしているより，知っている選手がプレーしているほうが「野球を観に行ってみようかな」という気持ちになりますよね。皆さんとてもするどいですね。

T：ポスターづくりの他に，どんな仕事をしますか？

荒木さん：主に，企画と広報の2つがあって，企画の仕事はスタジアムや街などで，ファンサービスのイベントをおこないます。広報は，スポーツ新聞などにマリーンズの情報を伝えています。

＊05年7月

15分　ファンサービスのイベントって何？

T：みんなは，マリーンズのファンサービスのイベントにどんなものがあるか，知っていますか。

C：選手がサインや握手会を開く。／花火をあげる。／マー君（球団マスコット）が球場を歩き回る。

T：それでは，これから企画広報のファンサービスをビデオで紹介します。

▶「街や駅の様子」「スタジアム内外」「球団事務所」の3つに分けて紹介した。

ビデオ映像

幕張ベイタウンで応援している人：我々も単にサービスを受けるだけじゃなくて，自分たちで何ができるか常に考えて，そしてマリーンズと地域とが一緒になってイベントをしています。

JR海浜幕張駅・駅長：駅を降りるとロッテの試合の臨場感，情報が伝わるような仕掛けづくりをしています。ファンの方にとっては，球場に行くまで気持ちを盛り上げるという意味では喜ばれているのかなと思いますね。

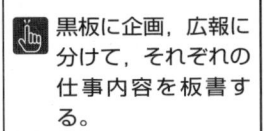

支援・留意点：
- 黒板に企画，広報に分けて，それぞれの仕事内容を板書する。
- スポーツ新聞を用意する。
- ■ビデオ（ファンサービスをまとめたビデオ教材）

学習活動	支援・留意点
T：いろいろな企画がありましたね。みんなはどれが印象的でしたか？ C：ボビーの出陣式！ T：そうですね。あれは地域の方と一緒になって生まれたものだそうです。 C：試合前のダンス，キッズショー，… T：実は，まだ，ほんの一部なのです。これから試合を観に行ったときに気をつけて探してみてください。 　さて，たくさんの企画を考えている荒木さんですが，普段はどんな所で働いているでしょう？ C：スタジアム!! T：スタジアムで働くこともありますが，普段は，海浜幕張駅の近くのワールドビジネスガーデンというところで働いています。荒木さんがどんなふうに働いているのか，その様子も取材しましたので，見てみましょう。 ▶荒木さんが職場で仕事をしている様子を映したビデオを流す。 荒木さん：このように，会社でたくさん会議をして，メールをして，準備をすることで，企画を立てています。企画は思いつきで生まれるものではありません。何度も話し合い，準備をすることが必要です。 T：企画広報の仕事は，派手なイベントやかっこいいポスターづくりなど見た目は楽しそうですが，その裏で，とても努力が必要なんですね。	■ビデオ

第2時　30分　企画を考えよう！

T：さて，荒木さんから，みんなにお願いがあるそうです。 荒木さん：マリーンズは，皆さんの応援もあって，今年（05年）優勝することができました。来年は，今年以上にファンも増えるでしょう。ですから，ファンサービスもよりよいものにしたいのです。来年どのようなことをおこなったらよいか，皆さんにも一緒に企画を考えてほしいのです。 T：どうですか皆さん，やってみますか？ C：わー！やる！やる！	

学習活動	支援・留意点
T：では，マリーンズを盛り上げる企画をワークシートにまとめてください。 　　荒木さん，いい企画を生み出せるコツのようなものはありますか。 荒木さん：企画を考えるコツは1つです。自分だったらどんなサービスがあったらうれしいか考えることです。 ▶1時間目に紹介した以外の下記のようなファンサービスも紹介し，季節・試合のない時期などもヒントとして伝えた。 　　4月：球場で花見もできるように，桜吹雪を球場で飛ばした花見＆花火というイベント 　　オフシーズン：マー君が幼稚園や保育園を訪問する　など	■ワークシート
20分　　発表しよう！	
▶選手と一緒にクリスマスツリーに飾りをつける・マスコットやサインボールが当たるくじつきチケット・バレンタインデーのイベント・マリーンズ選手の乗車カードとコレクションファイル・入場券が当たるくじつきガムなどの楽しい企画が提案された。 T：では，荒木さんに全体の感想をいただきましょう。 荒木さん：皆さん，本当にたくさんアイデアが出ますね。とても素晴らしいです。我々の仕事も含めて，球団関係者はお互いを支え合って働いています。お客さんが増えれば，イベントが盛り上がり，選手への応援が増す。すると選手は，さらに強くなる。チームが強くなれば，お客さんが増え，企画広報が考えたイベントが盛り上がる。このサイクルがうまく続くことが大切なのです。さらに続けて…	☞この際，お金を得ることで，ファンや選手のためにいろいろなことができるという理由から，ファンサービスは，ただでおこなうことができないということも伝える。

荒木さんから子どもたちへのメッセージ

　私は将来，プロ野球選手になりたいとずっと思っていました。でも，それは叶いませんでした。それでも，どうしても野球に携わりたいという思いを，いつももっていました。だから今，この野球に携わる企画広報という仕事をしています。

　この教室の中にも，夢をもっている人がたくさんいるでしょう。まずは，その夢をあきらめないでください。ただ，もしその夢が叶わない時でも，自分の思い，すきなことをあきらめないでください。そして，別の形で叶えられないか探してみてください。すきなことを，将来の仕事にする方法はきっとたくさんあります。

ワークシート

みんなでマリーンズを盛り上げよう！！

年　　組　　名前

> みんなが試合を見たいと思うような、おもしろいポスターを作ってみてもいいね。

> 試合を見にきた人に、何かプレゼントをあげたらどうかしら。

（　　　　　　　　　　）に向けて

タイトル　_____

自分の企画を絵で描いてみよう。

| |
| |
| |
| |

説明

_____
_____
_____
_____
_____
_____

> 僕だったら、派手なイベントでみんな一緒に盛り上がりたいなー。

すきなことを将来の仕事にする！

Message …授業を終えて…

　この授業をおこなう前に1年生全員に「将来なりたい職業は何ですか。」というアンケートもとっておきました。回答者数139人中,「なし」と答えた生徒が20人もいたことに驚きました。漠然としたものでもやりたいものがない子が多いことを実感しました。

　今回の授業テーマは,「すきなことを将来の仕事にする」という職業選択の一つの方法があることを伝えることでした。この授業によって,まだ将来の夢をもっていない子どもたちが,自分のすきなことを見つめ直し,夢を見つけるきっかけとなってほしいです。また,今,夢をもっている子どもたちにも,本当に自分がその仕事をやりたいのかを考えるきっかけとなれば,うれしいです。

NPO法人 企業教育研究会　授業担当　　谷山　大三郎

　小学校の頃の夢は,プロ野球選手でした。けれど,それは叶いませんでした。野球にかかわっていける仕事は,他にもないかと考えた結果,今の仕事をしています。

　今は,チームが勝ち,ファンが喜ぶ姿を見ることが何よりもうれしいです。選手やファンが喜んでいる姿を見ると,この仕事をこれからも続けていこうと思います。だから皆さんも夢を追い続けてください。私は夢を叶えることができました。

株式会社千葉ロッテマリーンズ　事業部　　荒木　重雄

すきなことを将来の仕事にする！

> **生徒の感想**
>
> ● 今日の授業で野球をしている人，それを支えている人などの事がよくわかりました。選手だけでなく，それを裏から支えている人たちもいることで成り立っているんだと思いました。「夢を現実にする」という事がすごく心に残っています。
>
> 下田　真由美
>
> ● 僕にはまだ夢がありません。でも今日の話を聞いていることで将来夢ができるかもしれません。話が聞けてよかったです。
>
> 石橋　卓也
>
> ● 今日の授業で，「夢」はどうやって実現されるのだろう？という疑問がわきました。この答えは，何年後…いつかわかる気がします。千葉ロッテマリーンズの企画広報の仕事がよくわかりました。私は，もしやるんだったら，企画の仕事をしてみたいです‼ファンサービスをもっと楽しくし，みんなで一致団結して試合を楽しくしてみたいと思います。
>
> 前田　夏海

　昨年（05年）の千葉ロッテマリーンズの日本一に，千葉じゅうが盛り上がっているところ，球団関係者の来校は，生徒にとっても，我々教師にとっても，大きな楽しみでした。仕事上での選手とのエピソードを聞いたり，広報活動の話を聞いたり，また，生徒が広報活動のアイデアを出していくことができたりなどと，とても興味深い授業となりました。
　このように地域の人材を生かした進路学習がおこなえたこと，生徒の郷土への愛着や誇りを喚起することができたことなど，大変貴重な体験をさせていただき感謝しております。

千葉市立幕張本郷中学校　教諭　五井　秀夫

直接的なキャリア教育

次世代ネットビジネスの提案 ③

協力企業名：ヤフー株式会社

協力：財団法人 コンピュータ教育開発センター

執筆 山田 真季

授業データ

学　　年：高校1〜3年
総時間数：5時間（90分×5）
教　　科：情報C
- 次世代ネットビジネスの提案！

実践校：神奈川県立神奈川総合産業高等学校
　　　　神奈川大学附属高等学校

授業概要

　情報化社会の中で，情報通信ネットワークの仕組みやネットビジネスへの理解は必須のことだ。ヤフー株式会社と財団法人コンピュータ教育開発センターの協力を得て，この授業を通じて，子どもたちにネットビジネスの意義と可能性を伝えたい。

授業のねらい

- 情報通信ネットワークの仕組みやネットビジネスを理解する。
- ネットビジネスの企画を体験することによって「仕事」への意欲を高め，自らのキャリアデザインを構築する能力の育成を図る。
- プレゼンテーション用ソフトウェアを用いたプレゼンテーションをおこなうことで，職業人・社会人としての資質・能力を高める。

指導計画

全5時間（90分×5）

時間	学習活動	支援・留意点
ステップ1 （90分）	**ネットビジネスとは？** ① インターネットビジネスの仕組みを学ぶ。 ② 新しいビジネスプランの考え方を学び，ビジネスプランを考える。	生徒のインターネット利用状況を把握しておく。 ■ワークシート①
ステップ2 （90分）	**情報と分析は成功への道** ③ 各自のビジネスプランを班で提案する。 ④ 各プランの裏付けとなるデータを探し，ビジネスとなりうる可能性を討議し，発表するものを企画書にまとめる。	■ワークシート②（企画書）
ステップ3 （90分）	**中間発表会を開こう！** ⑤ 班ごとにモデルプランをプレゼンテーションし，寺田さんに助言をしていただく。 ⑥ 指摘された課題を整理し，解決方法を話し合う。	裏づけとなるデータの不足している点などに気づくよう支援する。 ■ワークシート②
ステップ4 （90分）	**よりよいプランへ！** ⑦ 課題解決に向けて，調査・分析をする。 ⑧ 最終プレゼンテーションの準備をする。	終わった班には，次の時間のプレゼンに向けて，練習するよう促す。
ステップ5 （90分）	**このモデルで勝負！あなたの生活をもっと豊かに！** ⑨ 最終プランを班ごとにプレゼンテーションし，寺田さんからの感想いただく。 ⑩ 授業の感想を書く。	■プレゼン用の資料 ■ワークシート②

次世代ネットビジネスの提案

授業の実際

T：教師（授業者）　C：子ども

ステップ1　ネットビジネスとは？

学習活動	支援・留意点
20分　ポータルサイトはどうして無料なの？ T：今日は，これからヤフー株式会社の寺田陽亮さんに，ネットビジネスについて教えていただきます。よろしくお願いします。 C：おぉ〜！ ▶ワークシート①を配布し，大切なことをメモするように指示する。 T：皆さんは，インターネットで何か探したり，調べたりする時どうしますか？ ▶検索画面を表示させ，寺田さんからその仕組みの説明を受ける。 インターネットの入り口となる巨大なWebサイトのことをポータルサイトとよび，検索エンジンやリンク集を核として，ニュースや株価などの情報提供サービス，ブラウザから利用できるWebメールサービス，電子掲示板，チャットなど，ユーザがインターネットで必要とする機能を無料で提供しています。 T：なぜ無料で使えるのでしょう？実は，ポータルサイト（Yahoo!）の中にヤフーが利益を得られる仕組みが隠されています。探してみましょう。 C：広告収入があるから／インターネットの加入料金／ネットショッピングやオークションで稼ぐ。 寺田さん：はい，全部正解です。まず，主な収入は広告収入ですね。また，『検索用語を買ってもらう。』ということもしています。たとえば，【美容整形】という言葉を買い，その言葉を検索スペースに入れると，そのサイトがネット上に表示されます。広告も，興味のあるサイトを開くと，その内容に関係する広告が載っています。一番高い広告は1週間必ず出るようにすると，3億円以上します。安いものでも12万円くらいしますね。アクセス回数で料金が変わります。	👉ＰＣを立ち上げておくように伝える。 ■ワークシート① 👉スクリーンにヤフーの画面を提示する。 👉生徒は，ネットを見ながら確認する。 👉その他にも，ASPサービス使用収入（各種ソフトウェアをネットを通じて有料で提供）・有料会員費収入・インターネットインフラ提供収入があることを教える。
30分　新しいビジネスプランの考え方 寺田さん：ネットビジネスには，まだまだ可能性があります。これから皆さんに，ネットビジネスを考えるコツを3つ教えますので，ヤフー株式会社に新しいネットビジネスを提案してください。	

学習活動	支援・留意点

1 社会的に意義のあるプランか
ビジネスプランは，どんな人がどんなものを求めているかの分析が必要。

2 利益の見込めるプランか
ビジネスプランを継続していくためには，利益が見込めなければならない。

3 プランのデメリットとその克服方法がわかっていること
これによって，プランがよりよいものとなる可能性がある。

👆 この他にも，安全性と利便性のバランスをきちんと考える必要があることを伝える。

T：では，寺田さんに既存のサービスのショッピング事業がどのように構築されたかを説明していただきます。
▶寺田さんから，どのような手順で考えていけばいいのか説明を聞く。

👆 自分たちも企画したプランをプレゼンテーションすることになるので，寺田さんのプレゼンテーションの仕方にも注目するよう指導する。

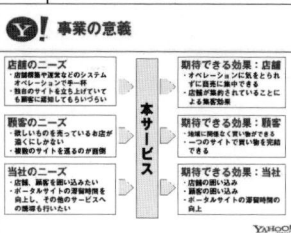

●サービス内容
・店舗作成ツールの提供
・ショッピングモールページへの誘導
・販促企画の提案や店舗オペレーションのサポート
・販売，売上，顧客管理が一体となったツールの提供

●利益はどうやって得るか
・広告収入費，販売収入，ASPサービス利用料収入

●プランのデメリットと克服方法
・店舗とモールが混同される。つまり，店舗の起こしたトラブルの責任を，モールである当社ヤフーが問われる可能性がある。
・店舗であることが容易に認識できる表示をする。

▶プランづくりの参考に，身近な内容のモデルを提示し，次のように考えていくとよいことを伝える。

① 自分が知りたい情報をたくさん検索してみる。
② その中で，調べにくい情報や足りない情報がビジネスにつながる可能性がある。
③ インターネットやパソコンとは無縁なところにこそ，ビジネスチャンスが潜んでいる可能性がある。

👆 パワーポイントでモデルプランをつくっておく。

👆 プランを提示しながら，3つの考えるポイントを確認する。

40分　自分の好きなことをビジネスにつなげよう！

▶上記①②③のポイントに留意し，各自がサイトで不足していたと思われた内容を話し合う中から，それぞれでプランを考える。さらに考えたプランが必要であるという裏づけとなるデータを集める。

■ワークシート②
（企画書）

次世代ネットビジネスの提案

ステップ2　情報と分析は成功への道

学習活動	支援・留意点
90分　モデルプランを作成しよう！ ▶班で各自のプランを検討し，モデルプランを1つにしぼる。検討すべき項目・要素についてインターネット等を利用し，裏づけるデータを探し，プランがビジネスとなりうる可能性を討議し，企画書にまとめる。	■ワークシート②

ステップ3　中間発表会を開こう！

65分　プレゼンテーション

▶班ごとにプランを発表する。(発表時間は，5分間)
プランごとに他の班からの質問や意見を聞き，参考にする。また，寺田さんからも3つのコツがクリアできているかどうか指摘していただく。

■ワークシート②
データの説得性や不足している点に気づけるように具体的に指摘する。

25分　課題を整理しよう！

▶質問や意見，指摘された課題を整理し，どのように解決するか話し合う。

ステップ4　よりよいプランへ！

90分　課題解決が成功の鍵！

▶班ごとに整理した課題について，調査，分析をし，必要なデータを集め，次の時間のプレゼンテーションに向けて，資料の準備をする。また発表の練習もするよう指示する。

班ごとにパワーポイントが使えるかどうかチェックする。

ステップ5　このモデルで勝負！あなたの生活をもっと豊かに！

75分　プレゼンテーション

▶班ごとに発表する。(発表時間は，5分間)
[発表例]
【ファッション別店舗情報サイト】
　●服のジャンル，都道府県別ショップリストの提供
　　たとえば，店の中で売っているものを載せる。具体的な商品の写真や説明などではなくて，デニムならデニムを扱っている店を載せる。そうすれば，実際に自分の足で

生徒は，各班のプレゼンテーションに対して，感想や質問を書き，発表する。

学習活動	支援・留意点

ショップ巡りをしながらよりよい物を発見できるので新たなお気に入りショップの開拓にもつながる。また，店の細かい情報は有料にする。

C：商品の値段などは載せて，通販はしないの？

C：もしも同じものを売っている店があったら，安い方に消費者は行きます。そうなると，掲載してくれる店もそれを嫌って，掲載してくれなくなるかもしれないのでやりません。自分の足で，自分の行きたい店に行くということを応援するサイトです。

寺田さん：物を売ることで出てくるデメリットを考えた上で，それをやめたとういうのはいい判断です。やりたいことがしっかりと決まっていて，すばらしいです。

▶ 他に，ゲーム攻略情報サイト・ビデオ配信サービス・輸入品代理購入サイト・小売店情報サイトなどが提案された。

15分　考えること，それが大切です！

T：寺田さん，ありがとうございました。ご自身の仕事についてやこの授業の感想とかアドバイスなどありましたらお願いします。

寺田さんから子どもたちへのメッセージ

> インターネットの世界はまだルールが決まっていない部分が多いです。これから自分たちでルールをつくっていける，そこにやりがいを感じています。皆さんには，考えることをもっとしてほしいです。ビジネスモデルをなぜつくるのか，なぜそれが今必要なのか，筋道を立てて考える習慣をつけてください。よりよい仕事をしようとするには，それが大切です。

▶ 最後に感想を書いて，授業を終えた。

次世代ネットビジネスの提案

ワークシート❶

ネットビジネスの仕組み

あなたは普段、どんなサイトを使っていますか？

名前 [　　　　　]

NO.1 ポータルサイトとは？

[　　　　　　　　　　]

NO.2 なぜポータルサイトは無料で使うことができるのでしょうか？このサイトを運営しているヤフー株式会社はどのように利益を得ているのでしょうか？

[　　　　　　　　　　]

NO.3 寺田さんが、ビジネスプランを考えるときに注意していること、3つは何でしょうか？

[　　　　　　　　　　]

ワンポイントアドバイス

ビジネスプランを考えるときには、自分が知りたい情報をたくさん検索してみましょう。その中で、ネットでは調べにくい情報や足りない情報を見つけたら、そこからビジネスになるような考えで、ネットの考えで見てみましょう！
インターネットやパソコンとは無縁なところにこそ、ビジネスチャンスが潜んでいる可能性があります。

ワークシート❷

企画書

メンバー [　　　　　]

ブランド名 [　　　　　]

項目	（案）
サービス内容	
社会的意義	
根拠となるデータの集め方	
収益方法	
運営コスト	
デメリットと対処方法	

65

Message …授業を終えて…

　今回の授業に参加した生徒は，普段からインターネットを使用しているという生徒が少なく，はじめのうちは戸惑いがあったようです。しかし，ヤフーの寺田さんから「やりたいことを膨らます」ということや「もっとこうしたらいい」というアドバイスをいただき，最終的にはよい発表をすることができました。自分たちが考えたビジネスモデルに対して，プロである寺田さんからコメントをもらえたことで，新たに考えさせるきっかけとなっていました。

NPO法人　企業教育研究会　授業担当　　川崎　雅子

　授業後に数名の生徒が，「企画って，働いていて簡単に思いつくものなんですか？」と，寺田さんに直接質問をしている様子が見受けられました。寺田さんに興味をもつと共に，ネットビジネスに対しても，興味を示していたようです。このように働く大人や，具体的な仕事内容に興味をもつことが，子どもたちに働くということを意識させるきっかけをつくり出していくのではないでしょうか。

NPO法人　企業教育研究会　授業担当　　山田　真季

生徒の感想

　このような授業は初めてだったので，どのようにしていいか悩みましたが，自分が実際に気になったことを調べ，考えることができたので勉強になりました。自分が完璧だと思ってプレゼンをしたけど，寺田さんのアドバイスを聞き，「さすがだぁー。」と思いました。これから寺田さんがおっしゃっていたように，考えることを怠らないようにしたいです。貴重な体験ありがとうございました。

神奈川県立神奈川総合産業高等学校　　田中　力

　今回，生徒たちは，社会的な意義をもった新しいネットワークビジネスという視点で，企画を考えました。授業中の生徒の活き活きとした表情や，毎回の授業ごとにはっきりと見てとれる成長ぶりからは，産業界と学校の連携が，とても有効であると感じました。
　ペーパーテストの点数だけでない「確かな学力」の獲得という面や，生徒のキャリアデザインを形成していくという面からも，本物と出会うことがいかに大切であるか，ということがわかりました。

神奈川県立神奈川総合産業高等学校　教諭　　島崎　朝彦

次世代ネットビジネスの提案

　新しいビジネスの企画を考えるという，少し難しいテーマでしたが，生徒の皆さんが主体的に取り組み，いろいろと考えをめぐらせてくれたことを非常に喜んでおります。やりたいことを実現するために何を考え，何を実現していかなくてはならないのか。新しく何かを考え出すことの難しさと楽しさ，筋道を立てて考えることの大切さを知ってもらえればと思います。

　人間には大きな可能性があります。自分の可能性を自分で枠にはめてしまったりせず，広い視野で物事を捉え，どうすれば実現できるのかを考えながら，いろいろなことに挑戦してほしいと思います。

　　　　　ヤフー株式会社　法務部　法務企画室　　寺田　陽亮

　ネットビジネスを考える今回の授業では，とかく影の部分が取りざたされるコンピュータのよい面に着目させる，よい機会になったと思います。また，ビジネス教育・キャリア教育の必要性が高まっている昨今，子どもたちにとっても有意義な内容であったと確信します。

　プレゼンテーション能力，グループワークによるコミュニケーション能力の育成は，現在の，そしてこれからの社会人にとって必要不可欠なのは，いうまでもありません。

　　　　　財団法人　コンピュータ教育開発センター（CEC）　研究開発室
　　　　　　　　　　　　　　　　　　　　　　　　　　　　　高田　昌幸

　生徒の活き活きした目こそ私が求めていたもの。高校生は週30時間以上の授業を受講しています。興味があって楽しい授業もあれば，興味がもてず，つまらないと感じる授業もあるわけです。一般的に，キャリア教育は，職業観や職業に関する知識やスキルを身につけるためのものと思われているかもしれませんが，生徒の様子を見ていると「知りたいことを教えてくれる授業や，自分で考える授業」なのではないかと思われます。

　今回の「ネットビジネスを考える」というテーマは，まさに生徒たちの知的好奇心をくすぐり，授業はそれを満たしてくれるものだったのです。

　　　　　神奈川大学附属高等学校　教諭　　小林　道夫

間接的なキャリア教育

プロから学ぶ新聞づくり

4

協力企業名：株式会社読売新聞東京本社

執筆　赤池　香澄

授業データ

学　　年：小学校低学年から中学生
総時間数：6時間（2時間×3）
教　　科：国語

●新聞づくり　①インタビューをしよう！
　　　　　　　②記事を書こう！
　　　　　　　③見出しをつけよう！

実　践　校：千葉県本埜村立本埜第二小学校　　6年
　　　　　　千葉県旭市立富浦小学校　　　　　5年
　　　　　　千葉県多古町立多古中学校　　　　1年
　　　　　　千葉県多古町立多古第一小学校　　2・3・5・6年

授業概要

　読売新聞記者の協力を得て，言語を取り扱うプロから，新聞をつくる上で重要な「インタビューをする」・「記事を書く」・「見出しをつける」という作業を学習していくと同時に，新聞記者として活躍している人の仕事のコツや思いにふれることで，間接的なキャリア教育の場とする。

授業のねらい

- 子どもたちが社会に出て必要な「話す」，「聞く」，「書く」といった言語技術を身につける。
- プロの姿を間近で見ることにより，「働く」ことへの意欲を高揚させ，学習意欲を向上させる。

指導計画

全6時間

時間	学習活動	支援・留意点
第1・2時	**インタビューをしよう！** ① 新聞記者から，新聞づくりには，インタビューがとても大切なことを学ぶ。 ② プロからインタビューの極意を学び，インタビューの模範を体験する。 ③ プロフィールをもとに，インタビューし，聞き出したことをまとめ，みんなに紹介する。	・新聞をつくっている人を介して，新聞記者という仕事に関心をもたせる。 ・普段話さない人にインタビューすることにより，緊張感をもたせる。
第3・4時	**記事を書こう！** ④ 記事を書くコツを記者から学ぶ。 ⑤ 事件映像を見て，メモをとり，記事を書くためには，どんな情報が足りないかを見つける。 ⑥ プロが記事を書くところを見る。 ⑦ 記事を書く。	・コツに焦点をあてて指導する。 ・プロのまねをして，そこから実用的な文章の書き方を学ぶ。
第5・6時	**見出しをつけよう！** ⑧ 編成記者の仕事を知る。 ⑨ クイズを通して見出しをつけるコツを身につける。 ⑩ 記事を読み，見出しをつける。	・見出しになる部分を的確にとらえさせる。 ・読みたくなるように見出しを工夫させる。

授業の実際

プロから学ぶ新聞づくり
（小学校）

岡部さん：（読売新聞社の記者経験者）　B：学生スタッフ
T：教師（授業者）　C：子ども

インタビューをしよう！

学習活動	支援・留意点
5分　子ども記者になろう！ ▶新聞という概念を確認し，子ども記者になって，プロの新聞記者から新聞づくりを学ぶことを伝える。 岡部さん：これは記者の証であるメモ帳です。子ども記者であるみんなに授けます。 T：どうしてメモ帳が記者の証かわかるかな？ C：調べたことを忘れないように書いておくため。 岡部さん：そうです。インタビューする時の必需品で，聞いた話を書き留めていくのに大切です。 T：なぜ，インタビューが新聞づくりに大切なんですか？ 岡部さん：記事を書く時には，物事に直接携わっている人に聞くことが大切です。そこでインタビューが重要なんです。	👉 子ども記者に任命することで意欲を高め，メモ帳を証として渡すことにより，インタビューにメモが大切であることを意識づける。
10分　新聞記者の仕事を知ろう！ T：さあ，子ども記者はじめての仕事です。読売新聞の記者の村井さんが，ビデオでみんなに新聞記者の仕事を教えてくれます。あとで確認するのでメモをしっかりとってください。 **［ビデオ映像］** ナビ：今日は読売新聞社にやって来ました。社会部記者の村井さんにいろいろ教えていただきます。よろしくお願いいたします。さっそくですが，記者とはどんな仕事をする人ですか？ 村井さん：記者の仕事は，世の中に起きているさまざまな出来事を記事にして知らせることです。社会では，とても多くのことが起こっているので，とても多くの記者がいます。 ナビ：記事になるような情報はどのように探しますか？ 村井さん：本やインターネット，過去の記事などから探しますが，それだけで足りません。実際に足を運んで直接その核となる人にインタビューをすることが大切です。そうやって確かな情報を探していきます。	👉 メモをとることを促す。 ■ビデオ

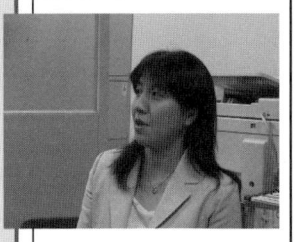

71

学習活動	支援・留意点

> ナビ：インタビューする前に，準備することはありますか？
> 村井さん：取材したい相手を探し，いつ取材するのか約束をします。次に取材相手のことを調べます。調べたことの中から質問を考えます。何を聞きに行くのか，明確にすることが大切です。

T：メモが取れたかな？インタビューをする前には何をするんだっけ？
C：相手のことを調べる！
T：そうですね。今日はインタビューの練習をするので，村井さんからインタビューの極意も教わってきています。

20分　インタビューの極意を学ぼう！

▶ビデオで村井記者からインタビューの3つの極意を伝授される。

■ビデオ

3つの極意

1　相手に興味があることを示すこと
取材相手と仲良くなり，相手に気持ちよく話してもらうために大切なことです。たとえば，うなずく，笑顔で対応するなどです。

2　読む人が知りたいと思うことを見つけること
自分が感動したことや，驚いたところ，おもしろいと思ったところを見つけて，読む人もそう思うか考えることです。

3　つっこむということ
読む人が知りたいと思うことが見つかったら，そのことがより伝わるように，詳しくつっこんで聞くことが大切です。遠慮せずに，どんどん聞いていって質問をぶつけていけば，相手も答えてくれるはずです。

村井さん：インタビューの3つの極意を忘れずにがんばってください。

▶3つの極意をみんなで確認する。

プロから学ぶ新聞づくり
(小学校)

学習活動	支援・留意点

10分　プロがインタビューを見てみよう！

T：これから，プロの岡部さんに，実際に私にインタビューしていただきます。
▶準備したプロフィールと岡部さんが考えた質問を提示し，インタビューを始める。

👉 スクリーンにプロフィールと質問を映す。

👉 岡部さんがメモを取る手元の様子をスクリーンに映す。

ビデオ映像

岡部さん：趣味に剣道と書いてあるんですが，女性で剣道をやっている人は少ないと思うんです。きっかけはなんですか？
T：きっかけは，いとこが全員剣道をやっていて，…
岡部さん：それはいつですか？
T：小学校3年生の時です。
岡部さん：剣道ってたとえば何段とか何級とか強さを示すものはどのくらいなんですか。
T：高校3年生の時に3段をとりました。
岡部さん：すごいですねー。
T：いえいえ。
岡部さん：そうするとたとえば剣道の大会で優勝したとか，何番目ぐらい？
T：県大会には出ましたが…

👉 岡部さんはこの間にもうなづいたり，納得したりする表情や動作をしている。

▶つっこんで聞くという模範を見せていただいた。

T：今のインタビューで気づいたこととか質問がありますか？
C：話しているとき，うなずいていた。
T：すごく感心したようなうなずきだったね。
岡部さん：相手がわかってくれていると思うと，話している人が安心します。いい話を聞き出そうとするときには大切なことで，話している方も真面目に答えようと思います。そういう姿勢が大切ですね。メモは罫線を気にせず殴り書きでも構いません。会話に集中することが大切です。今回なら「いとこ」「県大会ベスト10」といった具体的な人や数字を記録しています。あとでこれを見れば，聞いた話が大体，思い出せます。メモはこれくらいの中身で十分です。

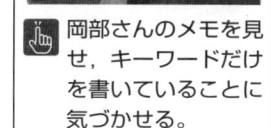

👉 岡部さんのメモを見せ，キーワードだけを書いていることに気づかせる。

30分　インタビューの練習をしよう！

T：では，これから，「○○さんをみんなに紹介しよう」というインタビューをします。各班に大人の人が来ますので，プロフィールを見て，その人のおもしろいところ，なるほどと思うことを聞き出して，みんなに紹介してください。

👉 この授業では，大学生と校長先生にインタビューしたが，地域の方や保護者など，普段子どもたちが話すことの少ない大人に依頼するとよい。

73

学習活動	支援・留意点
▶ルールは，班(4名)でインタビューの順番を決め，一人2分で1回インタビューする。はじめに質問を考える時間を2分，次の人と交代する時間を1分とる。←この時間に前の人のインタビューを踏まえて質問を考える。 T：では，インタビューする順番を決めてください。今回はプロフィールを用意しました。ここから質問を考えてください。それでははじめよう！ ▶プロフィールの『夢』にカフェを開くことと書いてあった川崎さんへのインタビュー > C：夢はカフェを開くと書いてありますけど，どんなカフェを開きたいですか？ > 川崎さん：お客さんがくつろげるところがいいです。 > C：くつろげるってどういう風にしますか？ > 川崎さん：たとえば，内装を落ち着く電気の色にしたり，インテリアを落ち着く色にします。 > C：なんでカフェを開きたいと思ったのですか？ > 川崎さん：私はケーキづくりが趣味なので，かわいいケーキをつくって出せるカフェを開こうと思いました。…… T：終了！では，インタビューのメモを見て，班で紹介することを相談してください。3つくらいに絞ってみよう。 C：むずかしいー。	用意していた質問がなくなると，何を質問していいかわからなくなるので，相手の答えから新たな質問を考えて，つっこみインタビューをすることを助言する。

10分　みんなに紹介しよう！

▶各班の代表が，インタビューした方のそばに立って紹介する。
C：山田さんの特技は，着物の着付けです。着物の着付けは，バイト先の日本料理屋さんの女将さんから習ったそうです。ただで，着物の着付けが習えてとても得した気分だそうです。着物の着付けを習うと，10万円くらいかかるそうです。

5分　授業を終えて

T：みんなやって見てどうだった？
C：つっこむのがむずかしかった！
T：くり返しやることが大切ですので，普段の生活の中でも友達に聞きたいことを質問したりしてください。

プロから学ぶ新聞づくり
（小学校）

記事を書こう！

学習活動	支援・留意点
10分　記事を書くコツを学ぼう！	

T：今日は新聞記事を書く練習をします。
岡部さん：子ども記者の皆さんに，メモ帳をもとにして記事を書いてもらいます。文を書くことはすきですか？
C：きらーい。
T：読売新聞の村井記者に，記事を書くコツを聞いてきましたので，メモを取りながら聞いてください。
▶ビデオで村井記者から記事を書く3つのコツを伝授される。

☞ 子ども記者であることを強調する。メモ帳をもたせる。

■ビデオ

記事を書く3つのコツ

1　大切なことから順番に書く
●新聞の記事では読む人が最初だけを見てもわかるように書く。その日の事情で後ろのほうが削られることがあるので，大切なことから順番に書くようにする。

2　なるべく短い文で書く
●言いたいことをできるだけわかりやすく伝えるために長い文よりも短い文で書くようにする。

3　5W1Hを書く
●5W1Hとは，いつ，どこで，だれが，どうして，どのように，どうなったか，の6つの要素を入れると，わかりやすい文章になる。

▶3つのコツがメモできたかを確認する。
T：では，これからある事件の映像を見て，岡部さんに記事を書いてもらいます。この中に事件の現場に居合わせた人がいますので，後でその人に取材して内容を充実させます。皆さんも3つのコツをしっかり押さえてメモを取ってください。
　■佐藤くんが飼っていたガングネズミが給食室に逃げ込み，大騒ぎとなり，調理中のカレーが台無しになるところを調理師さんの機転でネズミを確保したというニュース映像を見せた後，その場に居合わせたという川崎さんに，岡部さんがインタビューする設定。

■ニュースビデオ

インタビュー

岡部さん：佐藤くんの家で飼われていたネズミがなぜ給食室にいたのですか？
川崎さん：佐藤くんが飼っているネズミを友達が見たがったので連れてきたらしいんです。でも，そのネズミが朝のうちにいなくなって大騒ぎになっていたんです。

学習活動	支援・留意点
岡部さん：なるほど，この日の朝，佐藤くんは家からガングネズミを学校へ持って来たということですね？ **川崎さん**：はい，そうです。 **岡部さん**：ネズミはお姉さんがつかまえたんですけれども，その後どうなったんですか？ **川崎さん**：ガングネズミは佐藤くんの元へ戻されてかわいがられているということです。 **岡部さん**：じゃあ家に戻ったということですか？ **川崎さん**：はい，無事戻ることができました。 **岡部さん**：わかりました。ありがとうございます。 ▶ スクリーンに入力されていくＰＣの画面を映し，岡部さんが，3つのコツを解説しながら，記事を仕上げていくプロの仕事にふれる。 C：はやーい！ C：すごい！	岡部さんがパソコンで記事を書いていく画面をスクリーンに映す。

20分　記事を書く準備をしよう！

T：さあ，いよいよみんなにもやってもらいたいと思います。しっかりビデオを見て，メモをとりましょう。

▶ 木更津市の海岸に潮干狩りに来たある親子が，砂浜で数千万円もするダイヤの原石を拾ったというニュース映像を見る。その後，その場に居合わせたＢさんにインタビューして，5W1Hに必要な情報をメモする。

　　　　　　　　　　　　　　　インタビュー
C：ダイヤはどれくらいあったんですか？
B：4つあったそうです。
C：拾った人は誰ですか？
B：古田健さんと明子さんの親子です。
C：金田海岸は何市ですか？
B：木更津市です。

T：メモはできましたか？　メモを見ながら5W1Hを確認して，印をつけてみよう。

■ニュースビデオ

ビデオを3回くり返して見せる。
メモ帳にメモを取るように助言する。

25分　記事を書いてみよう！

T：では，集めた情報を活かして記事を書いてみよう！
岡部さん：皆さんのメモを見ると，必要なことはもう書いてあるはずなので，落ち着いて，これは大事だなと思うところから順番に書いていってください。

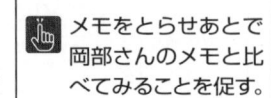

メモをとらせたあとで岡部さんのメモと比べてみることを促す。

プロから学ぶ新聞づくり
(小学校)

学習活動	支援・留意点
▶記事を書く子どもたちに岡部さんが丁寧にアドバイスをしていく。 ●書き出しで，悩んだら，ネズミの記事をまねてごらん。 ●驚いたことを前にいれるといいよ。 ●終わったらまわりの人と意見交換してみてください。	👆前のネズミの記事を参考に書くよう指導する。 👆コツを中心に指導していく。

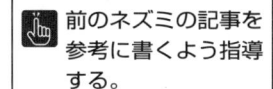

15分　書いた記事を見直してみよう！

▶見本の記事と見比べる。
●数千万円もするものがあったというのはこの話の中でとても驚く所です。前の方にあるといいですね。
●要素は全部入っていてとてもいいので，はじめの文をもうちょっと短くするといいですね。・・・・
●間違いのない事実だから，「・・・だそうです。」って書かなくていいよ。

👆記事の見本を配る。
👆児童の作品からみんなに向けて発表するものを選ぶ。（注意する点があるものを中心に。）

5分　記者の仕事に対する思いを聞いてみよう。

▶村井さんの記者の仕事に対する思いを知る。

■ビデオ

ビデオ映像

ナビ：なぜ記者になりたいと思ったのですか？
村井さん：記者という仕事は，自分が知りたいと思ったら，どんな分野の人でも会いに行って，直接話をきくことができます。私は，いろんな分野に興味があったので記者という仕事を選びました。
ナビ：新聞記者になってよかったですか？
村井さん：はい。いろんな分野で活躍している一流の人から話をきけますし，興味をもっていることを取材して記事にできるとてもおもしろい仕事です。また，記事を書くことで世の中の問題点を知らせたり，問題点をなくすように訴えたりすることもできるので，とってもやりがいのある仕事です。
ナビ：子どもたちにメッセージをお願いします。
村井さん：皆さんもこの授業をきっかけに新聞社や新聞記者の仕事に関心をもってもらえたらうれしいです。

見出しをつけよう！

学習活動	支援・留意点

5分　　見出しに注目してみてみよう！

▶見出しのない新聞とある新聞を比較させ，新聞における見出しの重要性を認識させる。

T：この新聞，ちょっとおかしいところがあるんだけど，どこでしょう？
C：見出しがない！
T：見出しがあるとどんないいことがあるでしょう？
C：どこに何が書いてあるか一目でわかる。
C：書いてある簡単な内容がわかる。
岡部さん：みんなが言ってくれたとおりです。
T：実は，見出しって記事を書いた記者がつけているのではないんですよね？
岡部さん：はい，編成部というところでつけています。
T：ということで，読売新聞社の堀さんに編成部の仕事の内容を伺ってきたビデオがありますので見てください。

　見出しのない新聞

　■ビデオ

ビデオ映像

ナビ：新聞社には，見出しをつける専門の編成部という部署があります。どうやって見出しをつけているのか，堀さんにお話を聞いてみます。よろしくお願いします。

堀さん：読売新聞の例でいうと，まず第一の仕事は，世界中から送られてくるたくさんのニュースを厳しい目で仕分けし，価値を見極めることです。
次に，見出しをつけ，読者が読みやすいようなレイアウトします。そのとき，大切なことは読者のことを考えてニュースの扱いに差をつけることが大切になってきます。

ナビ：見出しをつけるコツっていうのは何かあるんですか？

堀さん：はい。それは見出しをつけるコツは三つあります。その三つのコツをクイズにしてみたので考えてみてください。

78

プロから学ぶ新聞づくり
(小学校)

学習活動	支援・留意点

40分　クイズで見出しをつけるコツを学ぼう！

T：今日は，大切な見出しをつけるコツを堀さんがクイズにしてくれました。
C：やったー。
T：まずこの記事を読んでください。
　　ここからクイズが出題されます。
　　しっかり読んでください。

■動物園のサファリーの記事

> **Q1** この記事は，全国に配られます。編成部の人が見出しにしようと思ったところはどこでしょう？
> ① オリからオスのサファリーが逃げ出した。
> ② 約二千人のお客さんでにぎわっていた。
> ③ ゾウを見られて得した気分。

記事本文：
埼玉県中央町の埼玉県立動物園で昨日午後一時頃，アフリカゾウのオリからオスの「サファリー」（三歳）が逃げ出した。

駆（か）けつけた動物園の係員がサファリーに扉（とびら）のカギを掛（か）け忘れていたことが分かった。その後，首輪（くびわ）をつけてオリに戻るようにうながした結果，午後一時半にオリへ戻った。動物園と警察が原因を調べたところ，係員がお昼ご飯（はん）の首縄（くびなわ）を引っ張（ぱ）っていて人はいなかった。

くサファリーの姿におっ客さんたちは驚（おどろ）き，悲鳴を上げた人もいた。動物園に遊びに来ていた6年1組の土屋彩さん（12）は「キャーキャーと声がする方へ行ってみたら，ゾウがいたのでびっくり。すぐそばでゾウを見られたから得した気分」と話していた。

昨日は日曜日でお客さんにぎわっていた。園内ではお客さんがサファリーにおとなしく，風の影響（えいきょう）で扉が開いてしまったらしい。体重4トン，背の高さ3.5メートルの体を揺（ゆ）すって歩

C：えっと…③かなぁ。楽しそうだし。
C：①だな。わかりやすいし。

ビデオを止めながらクイズを進めていく。

堀さん：正解は①番。
　このニュースをおうちの人に伝えるとき，一番最初に「ゾウが逃げたよ！」と伝えるのではないでしょうか。原稿の中でいちばん大切なことを抜き出してくることが見出しをつけるのに重要です。

コツ1　文章の中でいちばん大切なことを抜き出すこと

> **Q2** では，編成部の人がつけた見出しはどれでしょう？
> ① ゾウ30分後オリにもどる
> ② ゾウちょっとの間抜け出す
> ③ ゾウ脱走

C：時間がわかったほうがいいから，②だと思う。

堀さん：正解は③番。
　新聞の見出しは，10文字以下になるようにしています。それは見た瞬間に意味を理解しやすいからです。

コツ2　短く具体的に書くこと

学習活動	支援・留意点

Q3 では，同じ記事を埼玉県内だけに配ります。しかも埼玉県内の人はサファリーのことをみんな知っています。さて，どんな見出しをつけるでしょう？

① 埼玉の動物園　ゾウ脱走
② サファリー，逃げ出す
③ サファリー体重4トン

■ビデオ

C：どれだろう？わかんないなぁ。

堀さん：正解は②番。
この場合，見出しは読む人のことを考えてつけなければなりません。この場合ですと，埼玉県内の人だけに配るので，サファリーのことはみんな知っているので改めてゾウということはないわけです。野球の松井秀喜選手のことをゴジラというのと同じことです。まず，見出しとしてはサファリーが逃げたということが大切です。

| コツ3 | 読む人のことを考えてつけること |

T：3つのコツがわかりましたか？

▶3つのコツを復唱で確認し，新たな記事を配布し，見出しクイズで，コツの理解を確認する。

■コンサート中の停電の記事

Q4 どれがいちばんいい見出しか答えてください。

① コンサート停電15分
② 栃木の体育館で停電
③ 停電で照明消え真っ暗

三十日午後八時五分頃，栃木県鹿沼市中央町のロケット栃木ケ崎中央体育館で催されていたコンサート会場内の照明がすべて消え，一人がけがをした。

プログラムの最後の曲「スペースシャトル」を演奏している最中で，場内にいた約三千人の観客からは「キャー」「こわーい」などの悲鳴がいっせいに上がり，ロビーへ駆（か）け出すお客もいて騒然（そうぜん）となった。ロケットスタートのリーダー，ススムさん（二十歳）は，マイクで「落ち着いて。すぐに元に戻るから。」と観客に呼びかけ，ようやく静かになった。復旧（ふっきゅう）作業の結果，十五分後に照明はすべて点灯。観客席から大きな歓声（かんせい）があがった。ロケットスタートは途中で演奏を中断した「スペースシャトル」をもう一度，最初からやり直し，さらにアンコールを3曲も演奏する大サービスだった。体育館の係員が調べたところ，屋上の電気配線のビニールにかじられたような痕（あと）があり，そばにねずみの死体が転がっていたという。このため電力会社ではショートが原因とみている。

C：えっと…真っ暗っていうのがわかりやすいから，③だな！
岡部さん：正解は①番。
誰もいない体育館で停電になってもニュースにならないよね？
今回は，コンサート中に停電したということが一番ニュースになるところなんだ。

プロから学ぶ新聞づくり
(小学校)

学習活動	支援・留意点

45分 　　見出しをつけよう！

T：では，コツを意識して見出しをつけてみましょう。1つではなく，たくさん考えていいです。

岡部さん：まず，記事のどこが大切か考えてみてください。

① 桜の開花の話

▶ 子どもの回答からいいもの，特徴的なものなどを選択して紙に書き，黒板に貼り，岡部さんに評価していただく。
- 東京都五月下旬の桜
- 五月下旬桜咲く
- 季節はずれの桜開花
- 五月に咲く不思議
- 季節はずれの桜に驚き　など

岡部さん：どれも文字数は10文字以内ですね。季節はずれの桜というのが入っているといいですね。この記事の場合，地名が入っていることも大切だと思います。気持ちが入ることも大切ですが，抜けてはいけない要素を考えて，どちらを入れたらいいか選ぶことが重要です。

② 透明人間の話

▶ 短冊切りにした模造紙に見出しを書かせて，黒板に貼る。
- 勝浦の少年　透明人間に
- 山形に透明人間出現
- ラムネが原因か？透明人間
- 前代未聞の透明人間
- 田中君透明人間に
- ラムネ飲んで透明人間
- 突然の透明人間など

岡部さん：見出しに絶対にいる言葉は透明人間。みんな入っています。次に気になることは，誰がとか，どこでとか，どうしてとかですね。誰かを表す時に「友達」や「田中くん」というのを使っていた人が多かったのですが，これでは読む人に誰かわかりません。「勝浦の少年」や「小五」という言葉を使うと読む人にもわかりますね。

T：見出しをつけてみてどうですか？
C：難しかった。／楽しかった！

岡部さん：これからみんな新聞を書くときに，インタビュー，記事，見出しと3回の授業を思い出してくれるとうれしいです。

■ 5月に桜が咲いた記事

👆 字数は実質使った字数で数える。

■ 透明人間出現の記事

81

中学　インタビューをしよう！

●小学校では，インタビューの技術や記者の仕事を学ぶ。中学校では，それに加えて，インタビューして得られる二次的な情報（インタビュー相手の仕事内容）に関しても学びの中にいれることで，中学生に適した学びになるようにした。

学習活動	支援・留意点
5分　仕事を取材する記者になろう！ T：今日は，学校にゲストをお呼びしています。取材記者になって班ごとに，その方の仕事について取材してもらいます。はじめに，読売新聞の岡部さんにプロの新聞記者がどのように取材しているか教えていただきます。 ▶岡部さんから，記者が正しい情報を集めるために，当事者にインタビューし，重要な点を忘れないようにしっかりメモをとることが大切とアドバイスをいただく。	■T：ACEスタッフ ■岡部さん：ゲストティーチャー（読売新聞東京本社） ■C：生徒 👆保護者の方々にご協力いただいた。 ■インタビューのルール
20分　インタビューの極意を知ろう！ T：それでは，インタビューはどうすればうまくできるか岡部さんに教えていただきます。大切なことなので，メモをとりながら聞いてください。 ▶岡部さんのアドバイス **相手に興味があることを示す** これは普段，みんなもやっていることです。人の話を聞くときにムッとして，聞いているのか聞いていないのかわからないようにしている人は少ないです。「へー」とか「うんうん」とか相槌をうったりうなづいたりしていると思います。今日のインタビューも同じです。「あなたの話をしっかり聞いていますよ。」という態度を見せることが大切です。 **皆が興味をもちそうなことを見つける** 今日は「自分が興味をもったこと」という題で，最後に発表してもらいます。発表する時に，聞き手が興味をもってくれるのはどんな話題だろうとしっかり思い描きながらインタビューします。すると，より深い話を聞くことができます。 **つっこむ** 「えっ！」と思ったら，自分が事前に用意していた質問にとらわれず，詳しく聞いてみることです。そういった時に出てくる話こそ，おもしろい話や大切な話だったりします。その人の仕事が思い浮かべられるよう詳しく聞いてみましょう。 ▶きちんとメモができたかどうか確認する。	**インタビューのルール** ①班に一人ずつインタビューされる保護者をお願いしておく。 ②保護者の方には，あらかじめプロフィールをいただいて，班の人数分準備しておく。 ③班の中で順番を決め，プロフィールを見ながら，一人2回，1分半のインタビューをしていく。 ④次の人は，前の人のインタビューが終わったら，インタビューが始まるまでの間に質問を考える。 ⑤質問は，前の人のインタビューを踏まえて，新しい質問を考える。 ⑥2回のインタビューが終わったら，班で話し合い，印象的な一言を模造紙に書いて，どんな仕事をしている人かをみんなに紹介する。 ⑦最後に岡部さんにコメントしていただく。

学習活動	支援・留意点

20分 　　　生でプロのインタビューをみよう！

T：では，これから実際に，岡部さんにK先生の仕事についてインタビューしていただきます。今教えていただいた3つのアドバイスを念頭において見ていてください。

岡部さん：先生に前もってプロフィール書いてもらっています。みんながこの後インタビューしてもらう人にも，書いてもらってあります。
では，ここから質問を考えていきます。先程お会いしたばかりなので，プロフィールに書かれてある情報しか知りません。

　　　岡部さんのインタビュー

岡部さん：先生は，教員になられて何年目ですか？
K：3年目です。
岡部さん：教員になろうと思ったきっかけは何ですか？
K：きっかけは，挫折です。
岡部さん：いつの挫折体験ですか？
K：大学を出て，その後，上の学校にいったのですが，そこで成功しなかったんです。
岡部さん：具体的にどういうことでしょうか？差し支えなければ教えて下さい。
K：なかなか博士はとれないなと。
岡部さん：なるほど。そうなった時に教員をめざそうと思ったのですね。この挫折から，教員になろうと思ったきっかけは何だったんでしょうか。
K：世の中にはまだまだ力をもった人がたくさんいますよね。そんな力をもった人にめぐり合えたらいいな，伝えられたらいいなと思いました。
岡部さん：教員になってみて3年ですが，そういった動機をもって入ってきて学校で働いてどうですか？
K：それだけでは，ダメなことがたくさんあります。皆，いろいろな力をもっていますし，私が求めている力でなくても，すばらしいと思える人がたくさんいますから。ちょっと考えが甘かったのかな。そう思う時もあります。
岡部さん：今後，教師生活を続けられると思うのですが，こんな先生になりたいというのはありますか。
K：難しいですね。はっきりとしたビジョンはないです。昔から金八先生を見ていましたが，何か感動が与えられる教師になれたらいいなと思います。
岡部さん：わかりました。ありがとうございました。

■K：クラス担任

インタビューしながらメモをとっている岡部さんの手元をプロジェクターで映す。

学習活動	支援・留意点
T:では，インタビューの様子を見ていて，気づいたことや質問がある人いますか？ C:マスを気にしないで大胆に書いていた。 C:つっこんでいた。 T:では，岡部さんにどんなことに気をつけてインタビューをしたのか聞いてみます。 岡部さん:最初に，挫折というおもしろいキーワードがありました。やはり「ぎょっ」とする言葉があったら，そこを細かく聞きます。 T:さあ！皆さん，インタビューできそうですか？ C:できそうです！ T:それでは，岡部さんに今のインタビューで，心に残ったことや驚いたことを一言でまとめてもらいます。 ▶岡部さんは，模造紙に「感動を伝えられる教師になりたい」と書き，次のように解説した。 岡部さん:いろいろ聞いてメモしましたが，「挫折体験が先生の道へのきっかけ」ということと，どちらにしようか迷いましたが，最後の部分にしました。別のまとめ方があってもいいと思います。 ▶後半は，体育館に移動し，班ごとにインタビューに挑戦することを伝える。	
30分 インタビューの練習をしよう！	■ワークシート（プロフィール） ■発表用模造紙
▶各班に一人，大人（保護者）がつき，その人の仕事の「おもしろい！」「なるほど！」と思ったところを聞きだすよう指示する。各班の席に，人数分プロフィールを準備しておく。 T:それでは，班の中で順番を決めてください。決めた班は，プロフィールを見ながら，質問を考えてください。それでは時間の合図をしますので，時間がきたら交代してください。	

1回目		2回目
1人目 2分		1人目 2分
2人目 2分	作戦	2人目 2分
3人目 2分	タイム	3人目 2分
4人目 2分		4人目 2分
5人目 2分		5人目 2分

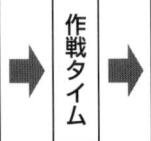

学習活動	支援・留意点
10分 **発表しよう！** ▶ 各班でいちばん印象に残ったことを話し合って模造紙に書き，それを見せながら，その人の仕事を紹介する。 ● 多古一の大和芋をつくる！（農家） ● 保険代理店になるには数学が必要（保険代理店） ● 顔で子どもの調子がわかります（主婦） ● 朝５時におきています（道の駅勤務） ● 笑顔をわすれずに！（販売員） ● コース料理は5000円から（料理店）　など **岡部さん**：皆さん積極的に質問してくれていて大変よかったと思います。発表してくれたものをみても，具体的な話が大分でていて，うまくつっこんでくれていたんだと思います。これから，こういったインタビューをする場面もあるかと思いますが，今日のことを少しでも思い出してくれたらと思います。今日はありがとうございました。	

ワークシート

〇〇のプロフィール

年齢：　　　　歳
出身地：
住んでいるところ：
しゅみ：
特技：
子どものころなりたかった職業：
夢：
旅行してみたいところ：
今一番ほしいもの：
一番好きな教科：
嫌いな教科：

Message …授業を終えて…

　見出しの授業の休み時間，ある児童が記者の証である「メモ帳」をもって質問をしにきてくれた。あまりの熱心さに驚きながら，「がんばっているね。調子はどう？」と聞くと，その児童は「私は新聞記者になりたいんです。」とはっきり答えた。これは，本物の記者の仕事を目の当たりにすることによって，この児童に熱意が伝わったからだと思う。今回の授業で，ひとりでも多くの児童がいつも見ている新聞の先に，いつもどこかでがんばっている新聞記者の仕事を感じ取ってくれたらと思う。

NPO法人　企業教育研究会　授業担当　　赤池　香澄

　キャリア教育の視点で読売新聞社と連携した新聞の授業が優れている点が2つあった。1つは「これまでに得た学習技能や知識がどのように世の中の仕事の中で活かすことができるかがわかった」ことである。このことは，「何のために学習するのか」という目的意識を持たせる上でも貴重な体験であった。もう1つは「インタビューや記事，見出しづくりを体験することを通して新聞記者の仕事を理解し，こうした仕事が世の中のためになっていることがわかった」ことである。授業の中で仕事を疑似体験できるようなプログラムは今後のキャリア教育には必要となるであろう。それだけに今回の授業を一つの手本としてさまざまな職業に関するキャリア教育のプログラムをつくっていきたい。

千葉県本埜村立本埜第二小学校　教諭　　古谷　成司

　記者の仕事を外部の人に紹介する場合，対象が子どもであっても，とかく知る権利とかジャーナリズム論，メディアスクラム問題等々，その社会的な位置づけに関する話題が中心になりがちだ。要するに硬い内容で，頭でっかちだった。

　今回のテーマになったのは，記者にとってごく日常的な営みばかりである。ところが職業人として当たり前のように使っているそうした「技能」が子どもたちを触発し，生きる力を育む上での一助になることに驚きと感動を覚えた。

　私たちの授業を通じて大人の仕事に興味をもち，将来への夢を描く子どもが増えたとすれば，キャリア教育の新しい展開を示したといえるのでないか。企業の社会貢献として今後も長期的に取り組むべき内容だと感じている。

株式会社読売新聞東京本社　教育支援部　　岡部　匡志

プロから学ぶ新聞づくり

児童の感想

　私の家でも新聞を読んでいるけど，こんなに新聞に興味をもったことがありませんでした。三日間楽しかったです。見出しづくりは大変だったけど，おもしろかったです。もっと新聞のことを知りたいと思いました。

　　　　　　　　　　　　千葉県旭市立富浦小学校　　　高崎　真季

　インタビュー・記事づくり・見出しづくりといった，新聞をつくる疑似体験をとおして，新聞記者の仕事にふれることができた。　調べたことをまとめる形になりがちな新聞づくりが，取材して記事を書き，見出しを工夫する新聞づくりに進化するきっかけとなった。各活動において，プロが子どもの目線でポイントを整理してくれたこと，的確に評価してくれたことが，意欲の向上とわかりやすさにつながっていた。この授業をとおして，日々の学習が将来生かされること，仕事をするにはさまざまな人の協力が必要であること，仕事に対するやりがい・使命感を学ぶことができた。また，自分でもがんばればできるようになるという自信にもつながっていた。

　　　　　　　　　千葉県旭市立富浦小学校　教諭　　林　宏

　本校は，平成16年度より文部科学省の指定を受けてキャリア教育の研究をおこなっている。正しい職業観や勤労観を育てる学習を進めてきているが，キャリア教育を推進していく上で基礎となる「人間関係形成能力」をどのようにして高めていくかが，重要であると考える。

　子どもたちはインタビューという活動を通して，しっかりと話さなければ相手に内容を伝えられないことやしっかり相手を見て聞かなければ相手の思いを聴き取れないこと。そして，しっかりとメモを取らなければ次の質問を考える時や，後でまとめる時に上手に活動できないという3つを実感した。この授業の「聴く・書く・話す」という活動を通して，子どもたちが人間関係を形成するのにとても大切であることを再確認できたと考える。インタビューの授業をこれからも積極的におこなうことで，子どもたちの「コミュニケーション能力」を育てることができる。また「コミュニケーション能力」が確立されれば，子ども一人ひとりの「自他の理解能力」も深まり，活動意欲（自主性）も高まってくると考える。このインタビューという活動が，生徒の生きる力につながる学習であると確信した。

　　　　　　　　千葉県多古町立多古中学校　教諭　　安藤　裕章

間接的なキャリア教育

太陽光発電について学ぼう！

協力企業名：京セラ株式会社

授業データ

執筆　塩田　真吾

学　　年：小学校 高学年～中学校
総時間数：4時間
教　　科：理科　●電池のはたらき（4年）
　　　　　　　　●電磁石のはたらき（6年）
　　　　総合　環境

実 践 校：京都府宇治市立平盛小学校 6年

授業概要

太陽光発電の仕組みを理解し，実用化されている事例を認識した上で，最前線で研究に携わる人からの情報を紹介し，子どもたちに新しい活用法を考えさせる。この授業をとおして，エネルギー問題に興味・関心をもつきっかけをつくり，さらに，このような分野の仕事に携わっている人の思いにふれることで，間接的なキャリア教育の場とする。

授業のねらい

- 太陽光発電の仕組みについて理解することができる。
- 太陽電池の活用事例がわかり，今後の課題を理解することができる。
- エネルギー問題やこの分野の仕事について興味をもつことができる。

指導計画

全4時間

時間	学習活動	支援・留意点
第1時	① 知っている発電方法を発表させる。 ② クイズ形式のビデオを使い，太陽光発電システムについて学ぶ。 ③ 京セラで働く人（東さん）の仕事内容にもふれる。	太陽光電池の仕組み，課題などを理解できたかどうか。 東さんの仕事について理解できたかどうか。
第2時	④ 実際に太陽電池に触る。 ⑤ 東さんから新しい太陽電池の活用例の提案を依頼するビデオを流す。 ⑥ 身近な太陽電池の活用例について紹介する。	
第3時	⑦ 班ごとに，太陽光発電の新しいアイデアを考え，班で発表するアイデアを1つ決める。 ⑧ 発表の準備をする。	アイデアの浮かばない児童には，街の様子を思い浮かべるように指導する。
第4時	⑨ 班ごとに発表する。京セラの方からの児童の考えた電池の活用方法についてのメッセージを伝える。 ⑩ 質問，まとめ	よかった点，太陽電池の現状での課題や可能性について気づくよう支援する。

■■■ 太陽光発電について学ぼう！

授業の実際

T：教師（授業者）　C：子ども

学習活動	支援・留意点
第1時　**5分**　**どんな発電方法がある？**　 ▶前時の自転車発電での発電の体験[14]をもとに，いろいろな発電方法についてどのようなものを知っているか問いかけながら，太陽光発電という方法もあることを紹介する。 T：今日は，太陽の光を利用する「太陽電池」について学んでいきます。実際に，太陽電池をつくっている京セラの東 洋一さんにお話を聞いてきましたので，太陽電池とはどのようなものかビデオで見ていきましょう。	👆火力・水力・原子力の各発電方法については，発言を受けて簡単に説明する。
35分　**太陽電池について学ぼう！**　 **ビデオ映像** ナビ：太陽電池についてお話をしてくださる東 洋一さんです。 東さん：私は，太陽光発電システムを普及する仕事をしています。よろしくお願いします。 ナビ：では，太陽電池についてクイズで学んでいきましょう。 **Q1** 太陽電池の開発で力を入れていることに，「光を多く集めること」があります。京セラでは，ある方法を開発して，たくさんの光を集めています。さてその方法は、次の①②③のどれでしょう？ 　① 太陽電池の表面を凸凹にする。 　② 電池の周りに鏡をとりつける。 　③ 太陽電池の色を白にする。 C：わかんな～い！ C：鏡だと光をたくさん集められそうだけど。 T：①だと思う人～？②だと思う人～？… **ビデオ映像** 東さん：正解は①です。電池の表面にミクロン単位の凸凹をつくり，表面積を多くし，乱反射の効果も利用して光を集めています。②のように1枚1枚に鏡をつけたら，コストが高くなってしまいます。	■ビデオ

14　前出「企業とつくる授業」（教育同人社，2003年）自転車発電機を使ったエネルギー教育「電気をつくろう！」参照。

学習活動	支援・留意点

ビデオ映像

ナビ：さて，次の問題です。

Q2 中部国際空港でも太陽電池は，使われています。何のために使われているでしょう？

① 空港の自動販売機
② 空港の照明の電源
③ 飛行機で使うための電気

C：③かなぁ！①だと，とれる電気量は少なすぎるし，②だと多すぎる！

> 他の活用例についても説明をする。（道路の標識や電卓など）

東さん：正解は③です。出発前に飛行機のバッテリーを充電し，離陸後も電気が使えるようにしています。

ナビ：さて，次の問題です。

Q3 1993年にはじめて発売された家庭用太陽光発電システムの値段はいくらだったでしょう？

① 100万円　② 300万円　③ 600万円

C：③！きっとはじめてつくられたんだから，値段高かったと思う！

東さん：正解は③です。この当時の契約数は，183件でした。その後，環境保全に注目が集まったことで，2004年には，22万件まで契約数は増加しました。

5分　仕事のやりがいを知ろう！

T：太陽電池がどのようなものかわかったと思います。最後に，東さんにお仕事のやりがいをお聞きしました。

東さん：世界中の人々に電気を運び，それによって喜んでいる人がいるということをとてもうれしく思います。皆さんも，いろいろな人生を歩んでいくと思いますが，新しいものをつくったり，考えたりして，それで世の中のためになる，社会に貢献するということのすばらしさを考えてくれたらうれしいです。

太陽光発電について学ぼう！

	学習活動	支援・留意点
第2時 15分	**太陽電池を体感しよう！** T：はい，これまで太陽電池の仕組みについて学んできました。これから皆さんに実際に太陽電池に触れてもらおうと思います。 ▶班ごとに太陽電池を使って，モーターを回す。	■太陽電池を配る。
5分	**企業からの正式な依頼** T：さて，ここで東さんから皆さんにお願いがあるようです。 【ビデオ映像】 東さん：6年生の皆さん。今の太陽光発電の課題の1つに「新しい使い方を考えること」があります。そこで，皆さんに新しい太陽電池の活用アイデアを考えてほしいと思います。よいアイデアはぜひ京セラでの採用を検討したいです。	■ビデオ
25分	**身近な太陽電池の活用例を知ろう！** T：皆さんは身の回りのもので，どんなものに太陽電池が使われているか知っていますか？ C：電卓！ T：おっ！よく知っているね。その他にも，交通標識や看板，自動販売機などにも使われているよ！それでは，これから皆さんに太陽光電池を活用する新しいアイデアを考えてもらいたいと思います。5人の班に分かれて，どんな活用法があるか考えてください。班ごとにワークシートにアイデアを書いてください。	☞太陽電池の活用例をパワーポイントを使いながら，説明していく。 ☞発表用ワークシート①②(P.95)を配る。このとき，アイデアの発表方法についても説明する。
第3時 45分	**太陽電池の新しい活用法を考えよう！** C：デジカメにつけたらいいんじゃない？ C：でも，ケースに入れている時は，充電できないよ。 C：曇りの日はどうするの？ C：携帯電話はどう？ C：それなら，ストラップにつければいいんじゃない。 ▶子どもたちは，どこに太陽電池をつけるかだけでなく，曇りや雨の日のこと，さらに値段やネーミングなども考えていた。	☞実際にできるかどうかを気にする子どもが多い場合は，実際にできるかどうかは気にせずに自由にアイデアを考えるように支援する。

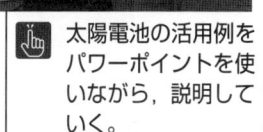

学習活動	支援・留意点

第4時 45分　　新しい活用法を発表しよう！

▶京セラの東さんを招いて、子どもたちは考えたアイデアを発表した。

C：私たちが考えたアイデアはソーラーカメラです。
　カメラは普段、ケースに入れておくので、太陽電池をケースにつけて、外で使用しているときでもすぐに充電できるようにします。ただ取り付ける場所が小さいので、もっと小さくてもたくさん発電できる太陽電池が必要になります。

東さん：デジカメのケースに太陽電池をつけて、充電できるようにするという発想は、とてもすばらしいですね！カメラ本体に太陽電池をつけるということは、実は以前に計画したことがありました。しかし、発電量が少なく商品化はされませんでした。
　でも、これなら本体よりも取り付けられる場所が大きいので、十分可能性があります。それにデジタルカメラだけでなく、いろいろなケースに応用可能ですね。ぜひ京セラで検討したいですね。

▶その他にも子どものアイデアは次のようなものがあり、アイデアを発表した。
- ソーラー携帯電話
　携帯電話のストラップに太陽電池をつける。
- 晴れの日に自動的に植木に水をあげる機械
　自動で植木に水をあげるようにじょうろにつける。
- ノートパソコンにつける。
- テレビのリモコンにつける。

T：これからもいろいろなことに興味をもって、考えることを忘れずにいてください。
　また、エネルギー問題についても考えていってほしいです。

☞ 文と絵で発表する。

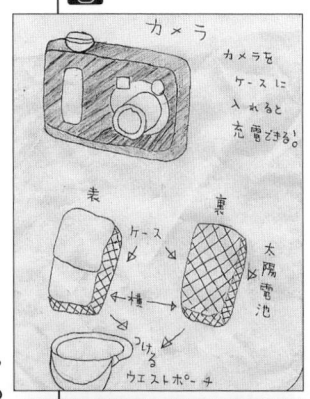

☞ それぞれに東さんからコメントをいただく。

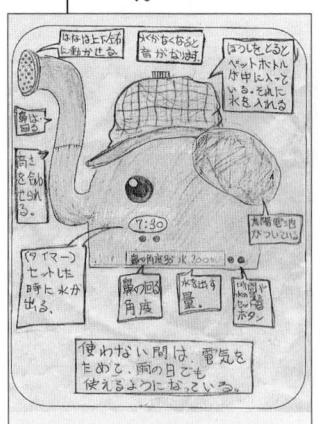

■■■ 太陽光発電について学ぼう！

ワークシート❶

◆太陽電池の新しい活用アイデアを考えよう！　　　組　　班

ワークシート❷

◆太陽電池の新しい活用アイデアを考えよう！　　　組　　班

☆考えるポイント
①商品名
②取りつける場所
③セールスポイント
④課題

95

Message …授業を終えて…

　本授業では，太陽電池を取り上げ，その仕組みと現状の課題を説明し，その課題を克服するようなアイデアを子どもたちに考えさせた。
　京セラ株式会社の東洋一さんから丁寧なコメントをいただき，子どもたちは，自分のアイデアの可能性とエネルギー問題を解決しようと真剣にがんばっている東さんの姿を感じたようであった。
　エネルギー問題は，子どもたちにとって今すぐの解決は難しいかもしれない。しかしこの授業をとおして，エネルギー問題を大人になってからも考えられるきっかけとなればと思った。

NPO法人　企業教育研究会　授業担当　　塩田　真吾

　日本の「科学技術」や「モノづくり」の素晴らしさ，環境やエネルギーについての問題，知恵と工夫で世界に貢献できるということ，その中で1つでも子どもたちが興味をもってくれれば，そして何かを感じとってくれれば，という思いで今回授業づくりに協力させていただきました。
　授業をおこなってみて，企業の方が子どもたちの素直な感性に教えられることばかりだと感じました。今後もこのような授業がおこなわれることを望みます。

京セラ株式会社　ソーラーエネルギー統括事業部　　東　洋一

太陽光発電について学ぼう！

児童の感想

　私は今まで，"太陽電池"ということをあまり考えていませんでした。けれど，授業をしてもらっているときに興味がわいてきました。商品のアイデアを考えているときに，ＡＣＥの方にアドバイスなどをもらって，考えるのは，少したいへんだったけど，でもなにより楽しかったです！

　最後の日にアイデアを発表したとき，京セラの東さんにほめてもらえました！そのとき「ここまで考えてよかった！」と思いました。いろいろアイデアのアドバイスをくださったＡＣＥのみなさんありがとうございました。ソーラビデオカメラを考えられたのもアドバイスのおかげです。ありがとうございました。

京都府宇治市立平盛小学校　　西川　千尋

　「これは，すごい！会社に戻って商品化を検討したいと思います。」思ってもみなかった好評価に，子どもたちの顔もほころんだ。

　本授業の最終場面，子どもたちのプレゼンテーション『太陽電池を使った商品開発』に対する京セラ社の担当の方のコメントだ。

　商品開発は，実際に，京セラの方に聞いていただけるとあって，子どもたちは今までにない集中力を見せ，休み時間も話し合いを続けていたほどだ。商品を開発するという仕事に興味を抱いたようだ。

　発信型の授業で，子どもたちの主体的な学びが確かに育っていくことを実感できる授業となった。

京都府宇治市立平盛小学校　教諭　　糸井　登

間接的なキャリア教育

世界に広まった野田のしょうゆ産業！ 6

協力企業名：キッコーマン株式会社

執筆　中野　敬子

授業データ

学　　年：小学校4年
総時間数：1時間
教　　科：社会　●地場産業の様子

実 践 校：千葉県旭市立琴田小学校　4年
　　　　　千葉県旭市立富浦小学校　4年

授業概要

　千葉県野田市のしょうゆ造りは，オートメーション化が進んではいるが，地理的な利を得て江戸時代から伝わる千葉県の伝統産業となっている。今では海外100ヵ国以上に輸出されている。この授業をとおして，しょうゆ造りが世界に誇れる産業であることを知り，地域に対する誇りと愛情を育むとともに，海外への普及にかかわってきた企業の方の思いにふれることで間接的なキャリア教育の場とする。

授業のねらい

- 野田市の地理的・歴史的背景を知り，しょうゆ造りが地場産業として発達した経過がわかる。
- しょうゆ造りが，世界に誇れる産業であることを知り，地域に対する誇りと愛情をもつ。
- しょうゆを海外に普及するために，世界を舞台に活躍している人々の仕事や思いにふれる。

指導計画

全1時間

時間	学習活動	支援・留意点
導入 10分	① 工場見学の復習をしながら，しょうゆの原料・生産工程・生産地を知る。 ② 野田市の位置を確認し，その周囲に流れる江戸川・利根川の地理的背景をもとに，江戸時代から野田を中心に広まったことを理解する。	👉 しょうゆの製造工程を知り，伝統産業として発展してきた理由に，地理的条件が深い関係していることを理解しているかどうか。 👉 銚子のしょうゆ造りについてもふれ，十分考慮する。
展開 25分	③ 野田市にあるキッコーマンの協力を得て取材したビデオを視聴し，しょうゆが国内だけでなく，広く海外に普及していることやその過程での努力の様子を，クイズをとおして学習する。	👉 しょうゆ産業が世界に広められた千葉県の誇るべき産業であることを理解できたかどうか。
まとめ 10分	④ 昔ながらの方法で造ったしょうゆを実際に口にすることで，味覚で伝統産業を感じる。 ⑤ 千葉県の伝統産業にどのような思いをもったか記入する。	👉 衛生面には十分注意する。

世界に広まった野田のしょうゆ産業！

授業の実際

T：教師（授業者）　C：子ども

学習活動	支援・留意点
10分　しょうゆの謎に迫ろう！ T：しょうゆ工場見学の復習をします。しょうゆの原料は何ですか？ C：大豆・塩・小麦 ▶しょうゆのできる過程を思い出させながら，確認していく。 T：では，日本でいちばんしょうゆが造られているのは、どこでしょうか？ C：野田！ ▶地図で野田を確認させる。 T：そうです。千葉県の野田市ですね。千葉県にはもう一つしょうゆで有名な町があります。 C：銚子！ ▶地図で銚子も確認させる。 T：銚子と野田，どちらが先に造られ始めたでしょう？ C：野田！ T：残念。関東でいちばん初めに造られたのは銚子です。ではなぜ、野田がいちばんになったのでしょう？ C：大豆が穫れたから T：そうだね。野田は関東平野に位置していて大豆が穫れました。でも銚子でも関東平野の大豆は使っていました。他にも理由がありそうですね。 C：都会に近い！ T：そうだね。しょうゆが関東で造られ始めたのは江戸時代ですが，そのころの大都市江戸，今の東京に近かったからです。もう一つの理由は、野田の町の近くには江戸川と利根川が流れていて、船でしょうゆを運ぶのにとても便利だったんです。	☞ 銚子のしょうゆ造りについてもふれる。 ● 銚子の方が先にはじまったが，関東平野の中心にあり，江戸までの距離が短い野田にしょうゆ造りの中心が移り，今では野田が全国一の生産量を誇る。 ☞ 伝統産業は地理的条件に関係することを理解できているか確認する。

学習活動	支援・留意点

15分 しょうゆ博士にきく，しょうゆの謎！

T：これから，野田にあるキッコーマンというしょうゆを造っている会社にお話を伺ってきました。ビデオの中でクイズが出ますので，よく見てください。

ビデオ映像

ナビ：キッコーマンのもの知りしょうゆ館にやって来ました。さっそくですが，橋本さんに，しょうゆについて教えていただきます。
よろしくお願いします。
はじめに，野田としょうゆの歴史について教えてください。

橋本さん：野田でしょうゆが造られ始めたのは，1559年です。その後1640年に江戸川が開拓され，当時の大消費地江戸まで1日で行けるようになったことで発展しました。

ナビ：キッコーマンのしょうゆは，全部野田で造られているんですか？

橋本さん：いいえ，日本に3つ工場があり，海外にも6つ工場があります。

ナレーション　しょうゆが海外で使われているなんて知っていましたか？　私はもっと知りたくなったので，これから，しょうゆの海外進出に詳しい染谷さんを紹介していただき，お話を聞きに来ました。

ナビ：こちらは，国際事業第一本部長の染谷さんです。よろしくお願いいたします。
海外でしょうゆが造られているときいたのですが，本当ですか？

染谷さん：本当ですよ。当社は海外に6つの工場があります。アメリカに2つ，オランダ，シンガポール，台湾，そして中国に1つずつ。

ナビ：では，突然ですが，ここでみんなにクイズです。

■ビデオ

世界に広まった野田のしょうゆ産業！

学習活動	支援・留意点

ビデオ映像

Q1. しょうゆは，世界のどのくらいの国々で売られているでしょう？

　① 6カ国
　② 60カ国くらい
　③ 100カ国くらい

T：日本に工場はいくつありましたか？
C：3つ
T：海外には？
C：6つ
T：そうだね，これらの工場で造られたしょうゆはいくつの国で売られているでしょうか？班で話し合ってみよう。

▶地図帳を広げて考えたり，「アメリカは？中国は？」などと知っている国をあげ，話し合っていた。

T：さあ，答えを発表してください。
C：①！アメリカとかはしょうゆを使わなそう。
C：②！世界全部で200くらいだから100だと多すぎる。
C：③！ほとんどの国が使っていると思う。
T：では，答えを見てみましょう。

ビデオ映像

ナビ：染谷さん，答えは？
染谷さん：答えは③の100カ国以上です。アジアだけでなく，ヨーロッパや，アメリカ，アフリカ大陸と本当に世界中の国々で愛用されています。

ナビ：でも，食生活は各国々で違いますよね？私たちの食生活を見直すと，和食という日本独自の食事の中で，しょうゆは使われているように思えるのですが…

103

学習活動	支援・留意点

染谷さん：しょうゆは万能調味料として世界に広まりました。
ナビ：では，ここで2問目にいきたいと思います。

Q2. アメリカでしょうゆを広めるために，キッコーマンはスーパーマーケットでどのような活動をしたでしょうか？

① 刺身にしょうゆをかけて味見してもらった。
② ご飯にしょうゆをかけて味見してもらった。
③ 焼いた肉にしょうゆをかけて味見してもらった。

C：①だと思う。肉やごはんにはしょうゆをかけない。外国の人がお刺身を食べているのをこの間テレビで見た。
C：②です！ご飯にしょうゆは意外だから。
C：③かな？アメリカの人はお刺身とか食べないとテレビで見た。肉をよく食べるらしい。

ビデオ映像

ナビ：では，答えをお願いします。
染谷さん：③です。しょうゆがお肉に合うことをわかってもらえるように，スーパーマーケットの店頭で試食してもらいました。また，その国に合ったメニューの開発を心がけてきました。

ナビ：それでは，3問目です。

Q3. このような努力の結果，アメリカで最も定番になったしょうゆを使った料理は何でしょうか？

① ビーフシチュー
② 鳥のからあげ
③ 肉のテリヤキ

世界に広まった野田のしょうゆ産業！

学習活動	支援・留意点
C：てりやきバーガーの味ならアメリカでも流行りそうだから③だと思う。 **ビデオ映像** ナビ：では，答えをお願いします。 染谷さん：③の肉にしょうゆを使ったテリヤキです。日本でテリヤキというと魚料理ですが，アメリカやヨーロッパでは肉料理です。今では野菜炒めや魚の味つけにもしょうゆが使われるようになりました。 ナビ：なるほど。千葉県の伝統産業であるしょうゆは，このような努力で，世界に広まったのですね。 千葉県には世界に誇れるすばらしい伝統産業があったのですね。今日は本当にありがとうございました。	
10分　しょうゆを味わってみよう！	
T：今日は千葉県の伝統産業のしょうゆについて勉強しました。これから，千葉県の伝統産業を味覚で感じてもらいたいと思います。 ここに，キッコーマンで今でも伝統的な方法で造られているしょうゆを持ってきました。今，ほとんどのしょうゆは，輸入した大豆を使って，機械で大量生産されていますが，このしょうゆは，日本の大豆を原料として，昔と同じように人の手で造られたものです。 どう違うか比べてみてください。 C：おいしい！ C：高級な味がする C：普段食べているのと違う！ ▶最後に授業の感想を書かせた。	各班にしょうゆの入った皿と，ノリを配布

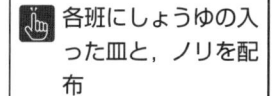

Message …授業を終えて…

　関係者の努力の積み重ねを経て，世界中からの需要を得るまでに発展した野田のしょうゆ産業。
　伝統産業を取り上げる場合，歴史や作業行程ばかりを扱うのでは，その産業に対する愛着はわかない。産業がいかに人々の生活に影響を与え，豊かにしたかを知ることを通して，地域の伝統や文化を誇りに思ってほしい。また，その伝統産業に携わる人々の思いや努力を知ることで，地域の産業に対しての思いが芽生えるのではないかと考え，授業を構成した。

NPO法人 企業教育研究会　授業担当　　中野　敬子

児童の感想

● しょうゆ造りをクイズ形式で勉強していったのが楽しかったです。ビデオでやっていったので，すごく理解しやすくてわかりやすかったです。キッコーマンの設立者の茂木啓三郎氏が富浦小学校出身ということがわかってすごいなぁーと思いました。

千葉県旭市立富浦小学校　　高橋　聖也

　「千葉県から世界に広まった伝統産業　しょうゆ」のビデオ制作では，予想以上に社内の協力が得られ，「企業の教育へのかかわり」に対する関心の高まりを実感したよい機会でした。ビデオをとおし，小学生の皆さんが「社会」に興味をもつ，きっかけづくりができれば幸いです。もし，その興味が「食」に向くことがあれば，望外の喜びです。
　一食品メーカーとして，「教育へのかかわり」において果たせる役割を，今後も追求したいと存じます。

キッコーマン株式会社　広報・IR部　　天坊　智子

世界に広まった野田のしょうゆ産業！

　なぜ，野田市でしょうゆ産業がはじまったのかがよくわかったようだ。また，学習ビデオ教材も，とてもわかりやすく，クイズを交えながらとても楽しく授業ができた。
　子どもたちは，今回の学習を通じて，地域の発展に尽くした人々の働きや苦労，また，そのすばらしさに気づき，地域の産業を守り，発展させていくことの大切さについて考えることができたのではないだろうか。今後もこのような身近な地域の大人たちに焦点をあてた授業がおこなわれていかなければならないと感じた。

千葉県旭市立琴田小学校　教諭　高橋やえ子

　子どもたちが，いつもとは違った指導者と授業をすることで，大変興味深く学習に取り組むことができました。キッコーマンの設立者の茂木啓三郎氏は，本校の出身者であるということで子どもたちも，身近な所に千葉県の発展につくした人が存在することに驚いていたようです。
　学習の最後に，しょうゆを味見するという体験を取り入れたことで，より印象に残る授業になったと思います。ただ，クイズ形式での授業は，子どもたちにとってとても楽しいものでしたが，解説のところで集中できず，結果ばかり気にしていた児童もいたので，その部分をもっと大事にしていくよう配慮していくことが必要だと思います。

千葉県旭市立富浦小学校　教諭　武井　敏江

間接的なキャリア教育

ガイドブックをつくろう！

7

協力企業名：株式会社オフィス303

授業データ

執筆　赤池　香澄

学　　年：小学校3年生以上
授業時間：6時間（調査の時間は除く）
教　　科：社会・総合
　　●地域の人に向けてガイドブックをつくろう！

実 践 校：千葉県旭市立富浦小学校　3年生

授業概要

　本授業は，地域学習を活かし，校長先生からの「地域の人に喜んでもらえるガイドブックを…」という正式な依頼を受け，編集プロダクションであるオフィス303に協力を得て，「仕事」として，ガイドブックをつくっていく。また，編集者として活躍している人の仕事のコツや思いにふれることで，間接的なキャリア教育の場とする。

授業のねらい

- 身近な地域の事物・事象や，特徴のある場所の様子に関心をもち，その結果を絵地図や文でわかりやすく紹介をし，ガイドブックとして表現することができる。
- 「仕事」としてガイドブックをつくることにより，「働くこと」への意欲を高揚させ，学習意欲の向上をはかる。

指導計画　　　　　　　　　　　　　　　全6時間

時間	学習活動	支援・留意点
第1時	① **正式な依頼** 校長先生より正式な依頼を受ける。 ② **編集のプロの工夫を探ろう！** 編集のプロのさまざまな工夫やコツに気づく。またどのような思いで仕事をしているかを知り，つくりたいガイドブックをイメージする。	正式な依頼を受ける事が，学習の動機づけとなる。 オフィス303に依頼して見本の紙面を作製しておく。
第2時	③ **ガイドブックに載せることを決めよう！** ・地域学習から得た情報をもとに担当するところについて，共通のレイアウト用紙を参考に載せたい内容を決め，記事の分担をする。 ・大まかな内容を書き，足りない写真や情報を確認し，入手の段取りをする。 ④ **楽しい見出しをつけよう！** プロのコツを確認しながら，読者が読みたくなるような楽しい見出しを考える。	班ごとに話し合って，読者の視点に留意して内容を決めさせる。
第3時	⑤ **文章を書こう！** レイアウト用紙の字数を目安に，分担した文章を書く。	重複したり，不足したりしている情報に気づかせる。
第4～6時	⑥ **パソコンで仕上げよう！** 下書きに沿って，各自担当の部分をパソコンに打ち込んだり，写真を貼り込んだりする。	色使いやフォントを工夫させる。
後日	オフィス303からいただいた評価を伝える。	

ガイドブックをつくろう！

授業の実際

T：教師（授業者）　C：子ども

学習活動	支援・留意点
第1時　**5分**　　ガイドブックづくりを依頼される T：今日は，校長先生から皆さんにお願いがあるそうです。 校長先生：みんなは今，一生懸命地域のことについて調べてくれているようです。せっかくなので，ぜひ，地域の人に喜んでもらえるようなガイドブックをつくってもらいたいのですが，やってくれますか？ C：やりたい！	
30分　　編集のプロの工夫を探ろう！ T：喜んでもらえるガイドブックをつくるために，オフィス303という会社で「アロークロスファン」という雑誌を担当している宗我部さんやオフィス303の方に協力してもらって見本をつくっていただきました。どんな工夫があるかわかるかな？ C：色がきれい！／パソコンで仕事している。／写真がある，説明もついている。／字の太さや大きさを工夫してある。／地図もある。… T：たくさん気がついたね。では，編集のプロに教えてもらった4つのコツを紹介します。よく見ながら聞いてね。 **編集のプロ　4つのコツ** 1　見出しの言葉のなかで，内容をいちばん表している言葉に色をつけて大きくし，目立たせるデザインにした。 2　オフィス303のいちばんの特長を「パズル雑誌のことならおまかせ！」というキャッチフレーズにして，タイトルの上につけた。 3　編集の仕事をしている人の様子が伝わるように，人（社員）が写っている写真をたくさん使った。 4　文章のどこを表した写真なのかがわかるように，写真に「キャプション」という説明文をつけた。	👉 オフィス303でつくられた本を紹介することで興味をひく。 👉 見本を配ることで，今後の見通しをたてる。 👉 詳しくみることで，自分たちはどんな工夫をすればいいか思い浮かぶように支援する。

111

学習活動	支援・留意点

10分 　　仕事にかける思いを知ろう！

T：4つのコツがわかりましたか？これから，みんなにガイドブックをつくる仕事をしてもらいますが，その前に，プロの人がどんなことを思いながら仕事をしているかも聞いてありますので，参考にしてください。

ビデオ映像

ナビ：仕事をしていて，うれしかったこと，つらかったことはありますか？

宗我部さん：ページごとにつくっているので，製本されてできあがった雑誌を見たときがいちばんうれしいです。つらかったことは，しめ切りが迫っているのに，なかなか作業がスムーズに進まないときです。内容に変更がでたり，作家さんの原稿が遅れたりするとスケジュールどおりに進まなくなります。

常松さん：雑誌が売れた時，単行本が増刷になったときがうれしかった。つらかったときはその逆です。

ナビ：どういう思いで本をつくっていますか。

宗我部さん：「アロークロスファン」は，20〜30才の主婦の方が多く読んでくれています。読者はどんなパズルがすきだろうかと，一人ひとりの顔を思い浮かべながらつくっています。好みの違うたくさんの人が楽しめるように，マンガ，料理，音楽，テレビなどいろいろなテーマのパズルをバランスよく入れるようにしています。

常松さん：今までにない，おもしろいアイデアがつまった本をつくりたい。そして，その本が売れればいいなあ，と思っています。

▶プロの仕事への思いを知り，自分たちはどのようなガイドブックをつくりたいか考えさせる。

T：さあ，みんな今どんなガイドブックをつくりたいと思っていますか？

■ビデオ

ガイドブックをつくろう！

学習活動	支援・留意点

C：みんなが「おもしろい」って言ってくれるガイドブック！／読みやすいガイドブック！／子どもからお年寄りまで読んでくれるガイドブックがつくりたい！／みんなが笑ってくれそうなガイドブック！／大事に読んでくれるガイドブック！／大勢の人が読んでくれるガイドブック！

T：だんだんイメージができてきたね。では，班で協力してやるにはどんなことが大切かな？
プロの人たちがどうやって協力しているのか聞いてきましたので見てください。

ビデオ映像

ナビ：チームで1つの本をうまくつくっていくコツは何でしょう？

宗我部さん：お互いを信頼して，仕事をすることだと思います。分担を決めて，任せるところは任せるようにするとよいと思います。

常松さん：

チームワークのコツ

1　言葉遣いや態度など，お願いされる人の気持ちを考えて仕事を頼む。
2　仕事の内容や目的を詳しく説明して，任される人が自分で考えて仕事をできるようにする。
3　ミスしたら，正直に謝る。
4　本をつくることのおもしろさを一緒に味わえるように，楽しい雰囲気をつくる。

■ビデオ

第2時　20分

ガイドブックに載せることを決めよう！

T：どんなことを載せたら読む人は喜んでくれるかな？

▶社会科での調べ学習をもとに，選んだ施設の特長をとらえ，おもしろいことは何か，写真はあるか，絵を入れようか，見た人が行きやすいようにするに何を書けばいいか，足りないことはないかなどに気づくよう助言する。
子どもたちからは，料理のレシピを載せたらおもしろそうだよ。／人気商品の紹介は必要だな。／入場料はいくらだったかな。など，載せたい内容を話し合いながら決めていた。

読む人を意識することにもふれる。

学習活動	支援・留意点
▶教師が読者の立場として，問いかけ，足りない部分に気づくようにする。すでにある情報と足りない情報を整理させ，どのようにすれば，入手できるか考えさせる。	

25分　楽しい見出しを考えよう！

▶プロが見出しをつけるときの工夫を思い出させ，内容が一目でわかり，読む人に興味をもたせるということを確認させ，考えさせる。
子どもたちの話し合いの過程では，もっと短くしよう。／何て書いたら読みたいと思ってくれるな？／もっとかっこよくしよう。など真剣なやりとりがみられた。

第3時　文章を書こう！

▶文章を書くときは，どんなことを書いたら喜んでくれるか，どのように書いたら，考えた見出しにあった文になるか工夫させる。また，長い文章は読みづらいので，なるべく2つに分けるなどして，短い文で表現するよう伝える。子どもたちは，「この情報は他の文に載っているからやめよう」「最初はどんな言葉からはじめたらいいかな」「まだまだ書きたいことがでてきたよ」など一枚の紙面を仕上げるために自分の分担した文章を真剣に考えていた。

分担した文章を班で確認し合い，内容の重複や不足にも気づくよう支援する。

第4～6時　パソコンで仕上げよう！

▶一太郎スマイルを使い，共通のフォーマットに原稿を見ながら文字を入力していく。テキスト入力が完成したら，文字の大きさ，太さやフォントまた色など，プロの見本を参考にしながら工夫させ，写真も貼りつけていく。地図については，手書きのものを取り込んで貼り付けできるようにしておく。

●オフィス303の担当者から，一つひとつについて次ページのようなコメントをいただいた。仕上がったA5サイズ14頁のガイドブックは，保護者会で配布された。

入力は，子どものイメージを確認してから，やり方を支援するとよい。

ガイドブックをつくろう！

完成版

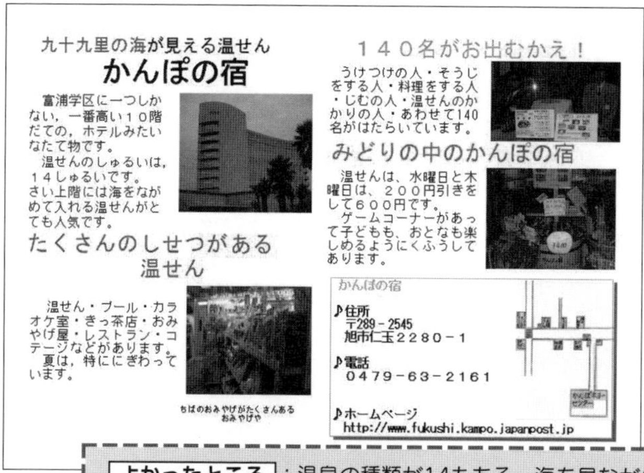

九十九里の海が見える温せん
かんぽの宿

富浦学区に一つしかない、一番高い10階だての、ホテルみたいなたて物です。
温せんのしゅるいは、14しゅるいです。さい上階には海をながめて入れる温せんがとても人気です。

たくさんのしせつがある温せん

温せん・プール・カラオケ室・きっ茶店・おみやげ屋・レストラン・コテージなどがあります。夏は、特ににぎわっています。

ちばのおみやげがたくさんあるおみやげや

１４０名がお出むかえ！

うけつけの人・そうじをする人・料理をする人・じむの人・温せんのかんけりの人・あわせて140名がはたらいています。

みどりの中のかんぽの宿

温せんは、水曜日と木曜日は、200円引きをして600円です。
ゲームコーナーがあって子どもも、おとなも楽しめるようにくふうしています。

♪かんぽの宿
♪住所
〒289-2545
旭市一玉2280-1
♪電話
0479-63-2161
♪ホームページ
http://www.fukushi.kampo.japanpost.jp

よかったところ：温泉の種類が14もある、海を見ながら温泉に入ることができる、というリード（前文）を読んで、かんぽの宿のことをもっと知りたくなりました。ホームページのアドレスが出ていたので興味をもった人がもっと詳しく調べる事ができていいと思いました。

もう一歩工夫を！：リードの中の「ちょう人気です。」は、「とても人気です。」などに変えたほうがいいと思います。いろいろな世代の人が読むガイドブックなので、読む人のことを考えて、誰にでもわかる正しい言葉遣いで書きましょう。…

よかったところ：住所だけでなく、入場料や利用時間など枠で囲んで目立たせたのは、とてもいい工夫だと思いました。利用時間が、季節ごとに書いてあるので、行きたいなと思った人に役立つガイドブックになったと思います。

もう一歩工夫を！：施設を利用している人の写真や、自分たちで体験した感想も入れると、施設の様子が伝わり、もっと楽しいガイドブックになると思います。…

天然温泉「あじさいの湯」
新しくなった福祉センター

元の旭荘のあと地に、旭市たん生50周年の記念にできた「あさひ健康福祉センター」は、「かんぽの宿」からわき出た天然温泉を使っています。松林をながめながら、ゆっくり温泉を楽しめます。

みんなが長生きできるしせつ

大よく場・休けい所・カラオケ・きん肉トレーニング・和室などがあります。へやは、12こあります。
サービスでは、わかい人がよくりようするトレーニングエリアがあり、それにお年よりがのんびりできるたたみのへやがあります。お茶も、カラオケも用意されています。

センターの人たちみんなでかんげい

センターには、そうじをしている人や、うけつけをしている人、トレーニングなどをおしえている人、全いんで8名くらいの人が毎日働いています。

入場料は、大人400円。小中学生は200円です。会員トレーニングマシーンのりょう金は、1ヶ月2000円です。
定休日は、毎週月曜日です。
利用時間
夏季／5月～10月 10時～17時
冬季／11月～4月 10時～16時
休館日 毎週月曜日と年末年始

♪あさひ健康福祉センター
♪住所
〒289-2523
旭市中谷里8340番地
♪電話
0479-62-0687
♪駐車場
50台

115

Message …授業を終えて…

　学校の地域を調べるという学習から、責任ある「ガイドブックをつくる」という仕事をすることになった子どもたち。実社会で同じ仕事をしている大人に出会い、ノウハウを学び、体験することで子どもたちの意欲を高めていきました。
　また、調べたことを決まった相手に知らせることによって自ら調べ足りなかったことに気づいたり、疑問をもったりすることができていた。できあがったガイドブックを手にして、自分で高めていけた、最後までできたということが子どもたちの自信につながったように感じました。

NPO法人　企業教育研究会　授業担当　　赤池　香澄

　私が小学生の頃、このようなキャリア教育はありませんでした。学校は大人になるための練習の場だと思います。さまざまな職業の人たちから仕事について学び、そのスキルを授業の中で活かしていくことはすばらしいことです。
　編集作業のワークフローをつくり、ビデオで編集のポイントを紹介したり、私の会社のガイドブックをつくり、ガイドブックの見本として子どもたちに使ってもらったりしました。完成したガイドブックは私たちの想像をはるかに超えるでき映えでした。編集者に必要な力は「選ぶ力」と「組み合わせる力」ですが、このことをきちんと伝えることができたかどうかはわかりません。でも、子どもたちがつくったガイドブックを見て、私たちのサポートが少しは役に立ったのかなあとうれしくなりました。
　「選ぶ力」と「組み合わせる力」は本づくり以外にも役立ちます。どんな仕事でも、多くの情報の中から必要なものを選び取ったり、相手にわかりやすく伝えるために情報を効果的に組み合わせたりしなければならないときがあるからです。今回のガイドブックづくりが、子どもたちが大人になるためのささやかな練習になってくれることを願っています。

株式会社オフィス303　　宗我部　香

ガイドブックをつくろう！

児童の感想

● パソコンを使って文字を入力したり，かざりつけをしたりして，とても楽しかったし，おもしろかったです。またやりたいです。

千葉県旭市立富浦小学校　　中嶋　恭子

● 私は，ガイドブックのじゅ業はとてもはやく終わってすごくかんたんだと思っていたけど，実さいやってみたら時間がかかりむずかしかったです。けれど，パソコンで文字をうったり，地図をかいたりして楽しかったです。最後に，自分たちでつくったガイドブックをみて，「苦労してこんなすごいガイドブックができてよかったなぁ」と思いました。また，今度，作りたいです。

千葉県旭市立富浦小学校　　大木　萌々子

　地域のガイドブックづくりにおいて，その作成方法の支援，できあがったものに対する評価の形で編集者の方にかかわってもらえた。

　レイアウトやタイトル・見出し，記事にあった写真選びなどの専門的な内容を，3年生にもわかりやすい言葉で説明してもらえた。

　今回の授業で，納得のいくガイドブックが完成したことは子どもたちにとって，よい励みになっていた。また，この体験を通して専門的な知識をもって働いている方への尊敬の念を抱いていた。そして，仕事をする上での協力や親切心の大切さも感じ取っていた。3年生児童にとって，働くことの大切さを考えることができた授業であった。

千葉県旭市立富浦小学校　教諭　　林　美登里

間接的なキャリア教育

8

風評被害
地震で大変！観光地 メディアで復活大作戦

協力企業名：株式会社イナモト旅館　雪国の宿 高半
協力：ゆざわ観光情報学研究会

執筆　中野　敬子

授業データ

学　　年：中学校1～3年生
総時間数：2時間（100分）
教　　科：総合・情報
　　　　　社会科

実 践 校：千葉市立小中台中学校 1～3年

授業概要

メディアによる地震の風評被害を，メディアではね返した湯沢の人々の姿をとおして，今後情報社会を生きていく子どもたちに，情報の送り手と受け手の両方の立場に立ってそのあり方を考えさせる。また，復活に向けて中心的にがんばった旅館業に携わる人々の思いや姿を知ることで間接的なキャリア教育の場とする。

授業のねらい

- メディアによる被害があることを知り，情報を鵜呑みにせず，批判的に読み取ることやさまざまなメディアを適切に選択し活用することで，よい結果が得られることがわかる。
- 観光地の復活に携わった旅館の人々の思いや姿をとおして，職業としての情報を得る。

指導計画

全2時間（100分）

時間	学習活動	支援・留意点
導入 10分	① 新潟県中越地震について，正確な被災地の地理的位置と被害状況を確認する。	市町村合併に伴い，旧市町村名とは異なることに留意する。
展開1 40分	② 地震の報道が湯沢町の観光業に大きな被害を与えたことを知る。 ③ 班ごとに，観光客が来なくなった理由を考え，ゆざわ観光情報学研究会の分析と比較する。	地震後，東京から越後湯沢までは新幹線も高速道路も問題なく利用できたことに留意する。
展開2 10分	④ 風評被害の概念と湯沢町の被害状況を知る。	
展開3 30分	⑤ 湯沢の旅館業者だったとして，利用可能なメディアの活用も視野に入れ，風評被害の打開策を考える。 ⑥ 観光客を呼び戻した湯沢の打開策と比較する。	自分が多くの情報に囲まれ生活していることに気づけているか。
まとめ 10分	⑦ メディアの風評被害から抜け出そうと奮闘した旅館の女将の仕事に対する思いを伝え，旅館の仕事を知り，メディアが及ぼす影響がわかり，かかわり方の大切さを知る。	直接情報通信業に携わっていなくても，メディアを有効に活用することができることを理解する。

地震で大変！観光地メディアで復活大作戦

授業の実際

T：教師(授業者)　C：子ども

学習活動	支援・留意点

10分　新潟県中越地震について知ろう！

T：2004年の10月23日，日本で大きな地震が起きました。この地震の正式な名前を知っていますか？
C：新潟県中越地震！
T：この地震のニュースで覚えていることは？
C：新幹線が脱線した。
C：地盤とかがくずれていた。
T：そうですね。この地震で51名の方が亡くなりました。(05年11月30日現在)
▶新潟県を越後ということや江戸に近いほうから上越・中越・下越と名づけられたことなどを説明し，中越という地域を確認させる。
T：中越という地域がわかりましたか？
C：わかんないなぁ！難しいよ。
▶パワーポイントで中越という地域を確認させる。
T：では，この中越地震で避難勧告が出た地域はどのくらいあったか，一緒に確認しながら，地図を塗りつぶしていきましょう。
T：避難勧告が出たのは，小千谷市や川口町，長岡市のごく一部でした。中越地震と名前がついたけど，実際の被害は，中越全体ではなく狭い地域に集中していたんだよ。

☞ パワーポイントを使いながら，確認していく。

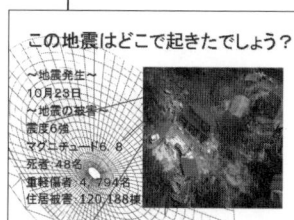

〈図：この地震はどこで起きたでしょう？　〜地震発生〜 10月23日　〜地震の被害〜 震度6強　マグニチュード6.8　死者：48名　重軽傷者：4,794名　住居被害：120,188棟〉

☞ パワーポイントで地域をマークしていく。(05年4月1日，山古志村は長岡市と合併)

40分　湯沢町が地震で受けた被害と理由を考えよう！

T：さて，今日は，同じ中越地域にある湯沢町というところについて勉強します。湯沢町を地図で見つけてみよう！
C：え〜？どこ？
T：この湯沢町は，地震で大きく揺れはしたものの建物が壊れたりする被害はなかったのですが，この地震で大きな被害を受けました。どんな被害だと思いますか？
C：温泉が止まった。
C：観光客が来なくなった。
T：そう！湯沢は名前のとおり温泉があります。冬にはスキー客もたくさん訪れる観光の町です。

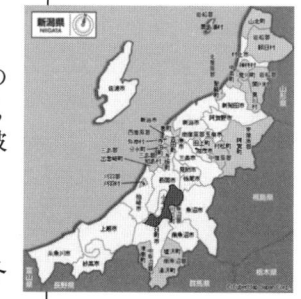

121

学習活動	支援・留意点
T：グラフを見てください。湯沢町の産業のグラフです。湯沢はこのグラフからわかるように第何次産業が一番多いですか？ C：第三次産業！ T：湯沢はこの第三次産業の中でも観光業が盛んです。温泉も止まらなかったし，地震の次の日から，新幹線も高速道路も湯沢までは通じていました。でも湯沢町にお客さんが来なくなったのです。どのくらい減ったか聞いてきました。 **ビデオ映像** ナビ：どれくらいお客さんは減ったのですか？ 高半のご主人：地震発生の次の日からほぼ全旅館でお客さんはゼロになりました。そこから1ヶ月前後まで全くお客さんが来ない状況でした。旅館組合の調べだと11月いっぱいは98パーセント減ですね。 T：さて，なぜお客さんが来なくなってしまったのか話し合ってみましょう！できるだけたくさんの理由を考えて班ごとにまとめてください。 **生徒の考えた理由** ●地震がまた起こるかもしれないと思ったから。 ●新潟全体（中越全体）が危ないと勘違いしたから。 ●地震があったところに行く気がしなかったから。 ●土砂崩れが起こるかもしれないと思ったから。 ●ニュースで被害のないところは報道しないから。 ●温泉が止まったと思ったから。 ●テレビや新聞で道路がぐちゃぐちゃになっているのを見たから。 T：湯沢の道路がぐちゃぐちゃになってた？新聞やテレビでは報道してないのに何でそう思ったの？ C：湯沢もそうだって勘違いした。 T：では，当事者の湯沢の人々はどのように分析しているか比較してみましょう。	湯沢は年間700万人の観光客が訪れ，その90％近くが首都圏からのお客さんであることを伝える。 ■ビデオ

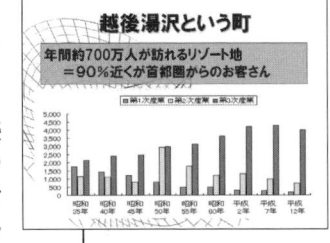

地震で大変！観光地メディアで復活大作戦

学習活動	支援・留意点
ビデオ映像 ナビ：なぜお客さんは来なくなったんでしょう？ ゆざわ観光情報学研究会岸野主査：地域が限定されないまま，被災地の凄惨な映像や写真が報道されたことで，湯沢もだと誤解されたのだと思います。また，観光客が被災地の近くであそぶことに気兼ねしたということも考えられます。 高半のご主人：JRで「新潟方面への旅行は控えてください」というアナウンスがありました。駅内放送でも『越後湯沢～新潟』は不通とあり，越後湯沢も被害を受けているというイメージを生んだのだと思います。道路表示も新潟方面への通行は控えるようにとありました。	■ビデオ
10分　風評被害と湯沢町の人々の思い T：湯沢町の被害は誤解から起きたようですね。皆さんは，テレビや新聞など情報を伝える手段のことを何と言うか知っていますか？ C：メディア！ T：そうですね。メディアの中でも一度に大量の情報を伝える手段のことをマスメディアと言います。このマスメディアが不適切な情報を送ったとき，受け取った側に誤解が生じ，無関係の業者に経済的な被害が及ぶことがあります。このようなことを風評被害と言います。湯沢の人々は，今回の風評被害に泣き寝入りせず，打開するためにさまざまな対策を練ったのです。そのときの心境を聞いてきました。	👆 風評被害の他の例を示す。 ● 狂牛病（2001年） 　千葉県の安全な牛肉まで売れなくなった。 ● 所沢ダイオキシン問題（1999年） 　テレビキャスターの発言により，ホウレンソウをはじめ，葉物全般が売れなくなった。 ● 同時多発テロ（2001年） 　基地のある沖縄に観光客が来なくなった。
ビデオ映像 イナモト旅館専務：湯沢の旅館で働いている人は，湯沢に住んでいる人だけではありません。被災地から働きに来ている人もいます。旅館やホテルがつぶれて収入がなくなってしまったら大変です。そういった意味でも私たちは早く復興しなければならなかったのです。	■ビデオ

学習活動	支援・留意点

ビデオ映像

高半のご主人：地震発生当初は，観光業は車や食堂くらいしか被害はないと思っていました。しかし実際は，一見観光業に関係のない，クリーニング会社や農家など第一次産業まで続いているとわかりました。そこで，復興しなければという気持ちになりました。

■ビデオ

T：被災者がいる中で，観光をしてよいのかと思い，湯沢の人々は自分たちの町の特性を活かして次のような災害支援をしました。

ビデオ映像

高半旅館のご主人：私の旅館だけではありませんが，被災地から送迎バスを出し，無料で食事や温泉に入ることができるようにしました。当時，車で生活されている方も多くいたので客室を無料開放したりもしました。

30分 風評被害の乗り切り方を考えよう！

T：このように，被災者へも配慮をしながら観光業を復興しました。では，皆さんならこの風評被害をどうやって乗り切るか，班ごとに対策を考えましょう。

班ごとの対策

- 映像や雑誌，HP，ラジオで訴える。
- 新しい観光施設をつくってお客さんを呼ぶ。
- 旅館の値段を下げ，ダイレクトメールを送る。
- 東京で法被などを着てPRする。
- 湯沢でイベントをする。

▶班ごとに出された対策を発表させる。

T：いい対策が出ましたね。では，湯沢の人々はどのようなことをしたのでしょうか？また，対策の後，湯沢の町がどうなったかインタビューしてきました。

生徒の意見と湯沢の人々の対策を比較検討する。

地震で大変！観光地メディアで復活大作戦

学習活動	支援・留意点
ビデオ映像 **イナモト旅館女将さん**：女将さん50人くらいで，JRへ新幹線の早期回復を，国土交通省に新潟への旅行をお願いに行きました。また東京で新潟展があったので，そこでチラシを配りました。新宿街頭でも湯沢は大丈夫ですということを訴えました。 **高半のご主人**：電車や新幹線の中吊りやポスターすべてに「頑張ってます新潟」というロゴを入れました。 **ゆざわ観光情報学研究会岸野主査**：湯沢の街中でHPを立ち上げている旅館，商店，観光協会，公共施設にお願いして，被害の実情をトップページに載せてもらいました。また，自分の旅館の顧客名簿にダイレクトメールを送りました。 **高半のご主人**：このような努力の結果，旅館は6～8月には前年と比べてお客さんは増えました。他の旅館さんも同じだと思います。また今後旅行代理店を回るキャンペーンをおこないます。何か恩返しができないかということで「ありがとう新潟」という割引キャンペーンをおこなう予定です。（取材は，05年9月）	■ビデオ
10分　まとめ T：今日は，メディアから受けた風評被害を跳ね返した観光地の旅館業という職業をとおして，メディアが及ぼす影響の大きさを学びました。今後，それぞれがメディアの受け手と送り手の両方として上手につき合っていけるようになってほしいと思います。最後になりましたが，将来ホテルや旅館などで働きたいと思っている人はいますか？今回お話をしてもらった女将さんに，仕事のやりがいについてきいてみました。 **ビデオ映像** **イナモト旅館女将さん**：お客様が「料理がおいしかったよ。くつろげたよ。また来ますよ。」と言ってくれる，それが何よりも喜びです。普段の仕事は辛くても，次の活力になります。お客様と接していると，たくさんのことを教えてもらえます。よかったよと感謝されるのがこの仕事の魅力ですね。 ▶最後に授業の感想を書かせた。	■ビデオ

Message …授業を終えて…

　「風評被害」という題材から，メディアに対して否定的になりがちである。もちろん，情報を吟味して判断する力をつけさせることは非常に大切である。しかし湯沢の人々はそこだけで終わっていない。彼らは，そのメディアの力を逆手に取り有効に生かした。
　私は，このような湯沢の人々の姿をとおして，情報社会を生きていく子どもたちに，情報を発信するときそれを見た人がどのように感じるかを考えさせれば，メディアは有効に使えるのだという視点をもってほしいと願っています。

　　　　　NPO法人　企業教育研究会　授業担当　　中野　敬子

　私は，もともと人前に出ることが苦手でした。けれど，今は，この仕事にやりがいを感じています。お客様から「ありがとうございます。また来ますよ。」と言われると，この仕事をしていてよかったなと思います。それが，次への活力になります。
　お客様が，旅館に来てくださったときには，日常のことを忘れて癒される環境を提供したいです。それで，「来てよかったな。」と思ってほしいです。自分の家に親戚や，お友達をよんだときに，楽しんでもらおうと思いますよね。それと旅館の仕事も一緒です。

　　　　　越後湯沢温泉　イナモト旅館　女将　　大橋　章子

私たちは日ごろ，お客様に，安心して気持ちよく過ごしていただけるように，さまざまなことに気を配っています。チェックインの時には，火事・地震などに備え，非常口のアナウンスをしたり，常にお風呂やお部屋をきれいな状態に保つようにしたりなど，私たちの旅館の良さをお客様に伝えられるように配慮しています。

　旅館業は，物を扱うのではなく，お客様と接する仕事です。人と人との仕事ですので，いろいろな方と出会い，お話ができます。それが，旅館業の魅力です。

雪国の宿　高半　　高橋　五輪夫

　マスメディアの存在は，子どもたちは無意識に知っている。しかし，その怖さもすごさも，自覚はしていない。今回の授業を受けたことで，あらためてその点を認識できたのではないだろうか。

　現代のような情報社会の中で，メディアを使いこなすことは，将来子どもたちが職業に就く上でも，もちろん就いてからも，必須のことだ。今回のようにメディアを上手に活用して，困難を乗り越えていった旅館業の方々の姿は，子どもたちにとってもよい道しるべとなったのではないだろうか。

千葉市立小中台中学校　教諭　　青木　一

間接的なキャリア教育

どうしてゲームはやめられないの？ 9

協力企業名：株式会社ソニー・コンピュータエンタテインメント
　　　　　　株式会社エンターブレイン

執筆　八木　航

授業データ

学　　年：6年生
総時間数：90分
教　　科：総合・情報
　●ゲームとのつき合い方学習

実 践 校：千葉県旭市立矢指小学校 6年

授業概要

本授業では,「ゲームの向こう」でゲームの開発にかかわっている人たちの姿を知ることによって,子どもたちが自分とゲームの関係を自覚的に問い直すことができるようにすることを目的とした。また,人気のゲームクリエーターの仕事にふれることで,間接的なキャリア教育の場とする。

授業のねらい

- ゲームのつくり手がどのような工夫をしているのかを考える。
- 人気のゲームクリエーターやゲーム業界で働く人々の仕事内容や,やりがいを知ることによって「働くこと」への意欲を高める。

指導計画

全90分

時間	学習活動	支援・留意点
導入 10分	① テレビゲームの歴史と,産業としてのゲーム産業について扱うことを伝え,クイズに親しみながら,ゲーム機の変遷や産業規模について理解する。	パワーポイントを使いながら説明していく。
展開1 35分	② 各自ゲームに夢中になる理由を考え,付箋に書き込んでいく。 ③ 各自の考えがある程度まとまったところで,各班で話し合い,模造紙にまとめる。	付箋,模造紙を用意する。
展開2 20分	④ クラス全体で発表し合う。	
展開3 10分	⑤ 実際に,ゲーム制作者がどのような方法を使っているのかをインタビューしたビデオを流し,自分たちの考えたものと比較させる。	ビデオ映像やパワーポイントを使い,解説する。
まとめ 15分	⑥ ゲーム制作者からいただいた子どもたちへのメッセージも紹介する。 ⑦ 授業を終えての感想を書く。	今後,児童がゲームとどのようにつき合っていったらよいのか,問題意識をもって生活できるように促す。

どうしてゲームはやめられないの？

授業の実際

T：教師(授業者)　C：子ども

学習活動	支援・留意点
10分　ゲームの歴史を探ろう！ T：皆さんは平日，何時間くらいゲームをしていますか？ ①ほぼやってない。　②1時間程度。 ③1時間～2時間。　④2時間以上。 ▶各自①～④の一つに，手を挙げる。 　　ほぼやっていない …………… 2人 　　1時間くらい ………………… 13人 　　1～2時間くらい …………… 14人 　　2時間以上 …………………… 2人 　　　　　　（それぞれ2時間・3時間） T：お～！だいたい1時間から2時間くらいやっている子が多いねぇ！ T：今日は，そのゲームについて勉強していきたいと思います。 ▶クイズを交えて親しみながら，歴史を理解させる。 T：皆さんが知っている一番昔のテレビゲームといえば何かな？ C：ファミコン！ T：そう！ファミコンは，1983年に生まれました。そこから画面がどんどんきれいになったり，いろいろな性能が追加されたりして，どんどん進化していきました。スーパーファミコン・プレイステーション・プレイステーション2など，新しい機械も次々に発売されました。	👉 パワーポイントを使用しながら説明する。 ［1日どれくらいゲームをやっていますか？ 　ほぼやっていない 12.6% 　1時間程度 43.3% 　1～2時間 28.7% 　2時間以上 13.2%］ 👉 それぞれの番号に手を挙げてもらう。 ［ファミリーコンピュータ 　クイズ！！ 　ファミリーコンピュータは，最終的に日本人の何人にひとりが持っていたでしょう？ 　① 100人にひとり 　② 50人にひとり 　③ 10人にひとり］ ［ファミリーコンピュータ 　正解は 　③ 10人にひとり 　最終的な売りあげは，海外を含めて 　　6200万台！！］

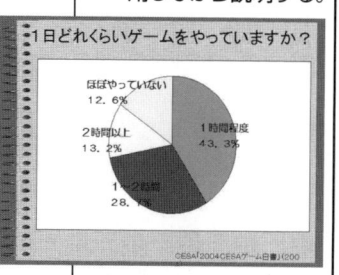

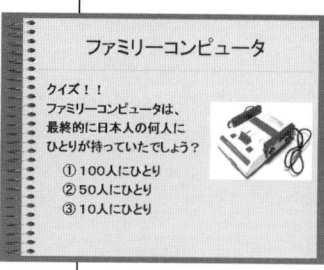

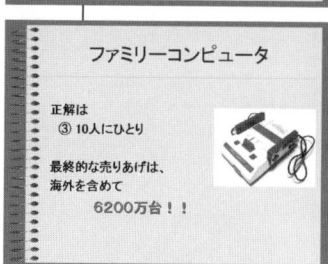

学習活動	支援・留意点

今ではゲーム産業は1兆円産業とも言われており，売り上げは非常に大きく，日本が海外に誇れる巨大産業となっています。

C：へー！！すごいんだなぁ。

35分　ゲームはどうしてやめられないの？

T：今まで，ゲームの歴史や今の状況について勉強してきました。
では，次にゲームをつくっている人が，ゲームに夢中にさせるためにどんな工夫をしているか考えてみましょう。
これから付箋を配ります。それに自分が思い浮かぶ，ゲームをつくっている人が工夫しているんじゃないかなと思うところを書いてみてください。

T：1つの付箋には，1つのことだけ書くようにしてくださいね。はじめは周りの人と相談などしないで，私が合図をするまで自分だけで考えてください。
それでは，始めてください。

■付箋

👆 ゲームをしたことがない子には，「こうしたらきっとみんなを夢中にさせられるだろうな。」と思うところを想像して書いてみるようアドバイスする。

■模造紙

児童の意見
- 画面がきれいなこと
- アイテムを集めるのが楽しいこと
- 相手をやっつけられること
- キャラクターがかっこいいこと
　　　　　　　　　　　　　　など

学習活動	支援・留意点

T:はい,それでは次に班でどんなことがあるか,話し合ってみてください。話がまとまったら,意見を模造紙にまとめてみてください。

C:キャラがかっこいいよね.。

C:でも,キャラはかっこいいだけじゃなくて,育てていくところも夢中にさせる工夫じゃない？

▶ある程度時間が経った後で,模造紙にまとめる。

20分 発表会を開こう！

T:これからまとめたものを班ごとに発表してもらいます。

[第1班]

C:私たちが考えたことは,ストーリーを自分で選べるところです。それから,キャラクターをかっこよくしていたり,自分で育てることができたりするところも工夫しているところだと思います。…

[第2班]

C:私たちは,ゲーム機の本体が,DVDを見ることができることや,持ち運べるようになっているところだと思います。…

▶班ごとに5項目程度ずつ発表した。

学習活動	支援・留意点

10分　ゲームのプロが考える工夫とは？

T：今発表してもらったように，いろいろな工夫がされていそうですね。
　では，実際にはどんなことを考えてゲームをつくっているのでしょうか。ゲームをつくっている，池尻さんという方にインタビューしてきました。そのビデオを見てみましょう。

■ビデオ

ビデオ映像

ゲームクリエーターの工夫
皆さん，こんにちは。
私は『みんなのゴルフ』というゲームをつくっています，ゲームクリエーターの池尻といいます。ゲームに夢中にさせる工夫としては，『難しくしすぎないこと』『短時間で集中できるようにすること』がありますね。なるべく誰でも，あそべるようにしています。
　　　　ソニー・コンピュータエンタテインメント
　　　　　　　　　　　　　　　池尻　大作さん

T：では，次に池尻さんだけでなく，いろいろな方のコメントも見てみましょう。

ゲームクリエーター
●隠しアイテムやキャラクターを育成することで，くり返しあそべること。

👆 パワーポイントを使って，コメントを説明する。

おもちゃ会社の人
●カードやアイテムを全て集めたくなるようにすること。

インターネットゲーム会社の人
●次の展開を選ぶという，自分がゲームの展開を決めること。

どうしてゲームはやめられないの？

学習活動	支援・留意点
T：皆さんもたくさん考えてくれたように，プロの方たちもさまざまな工夫をしていましたね。	

15分 ゲームクリエーターってどうやったらなれるのかな？

T：皆さんのなかには，ゲームクリエーターになりたいなぁと思っている人がいると思います。最後に，ゲームクリエーターの方から皆さんにメッセージをいただいています。一緒に見てみましょう。

ビデオ映像

池尻さん：ゲームクリエーターになるには，ゲームだけをしていればいいわけではありません。私もゴルフゲームをつくるために，実際にゴルフをやってみました。皆さんもぜひ，いろいろなことに興味をもち，何がおもしろいのか，自分の意見をもてるようになってください。

■ビデオ

浜村さん：ゲームはおもしろいから，ずっとやっていたくなってしまいますよね。でも，ゲームは実際に世の中にあるおもしろいものがモデルとなっていることが多いんです。ゲームだけで楽しむのではなく，そのモデルとなったものにもぜひ興味をもってみてください。
　　　　　株式会社エンターブレイン
　　　　　　　　　代表取締役社長

T：これから皆さんは，ゲームとどう向き合っていこうと思うかな？　今日の授業をきっかけに，皆さんがゲームとどう向き合っていったらいいか自分なりに考えてみてくれるとうれしいです。

▶授業を終えての感想を書く。

■感想用紙

Message …授業を終えて…

　今回は，付箋を使って考えていきましたが，児童からの意見が予想以上にたくさん出たため結論をまとめるのに時間がかかってしまい，大変でした。
　児童は今までにさまざまな製品に触れてきたと思いますが，その製品の制作者を意識したことがなかったと思うので，この授業をきっかけにいろいろなものに対してつくり手の意図を考えて主体的に考えるようになってくれればよいと思います。
　また，児童が，この授業を通じて，ゲームに携わる仕事に興味をもってくれたことがとてもうれしかった。
　ソニー・コンピュータエンタテインメントの方には取材依頼，教材づくりから授業当日に至るまでお世話になりました。心から感謝いたします。

NPO法人 企業教育研究会　授業担当　　八木　航

　今回，はじめて授業に参加させていただき，子どもたちが普段，ゲームについてどのようなことを考え，つき合っているのかを肌で感じることができました。私共企業は，つい大人の目線で物事を捉えがちですが，子どもたちや先生方と直接接したことで「はっ。」とさせられたこともあり，これまで気がつかなかった新たな課題が見つかりました。
　今後も積極的に活動に協力し，社会に受け入れられるような企業となるよう，努力していきたいと考えております。

株式会社ソニー・コンピュータエンタテインメント
渉外部　　中村　雅美

どうしてゲームはやめられないの？

児童の感想

- 今日わかったことで，ゲームがもっと楽しくできるような気がしました。おもしろかったです！ゲームをつくる人もみんなが楽しめることを第一に考えてつくっているんですね！

- ゲーム・クリエーターがこんなことを考えているなんてはじめて知った。これからゲームをするときは，そういった工夫を考え，さらに夢中になりすぎないように注意したい。

　　ゲーム産業についていろいろわかった。ゲームについての授業なんてはじめてだったから新鮮で楽しかった。ゲームクリエーターになりたいと思った。

　ゲームの歴史や産業を説明するために，ゲーム機やビデオ等の視聴覚機器を有効に使っていたことで，児童は授業に興味深く聞き入っていた。またゲームをつくるという仕事にも関心をもつことができた。

　授業の中心部分である「つくり手の意図を考える」段階で，グループ活動を組織し，全員参加の学習が展開できた。普段あまり進んで発表しない児童でも，付箋に自分の考えを書き，発表していたことが印象的だった。

　ゲームのつくり手である企業の方からのお話は，児童が主体的に判断していくための参考になったようだ。児童は疑問点をすぐに聞けるという恵まれた環境の中で，楽しく活動していた。本校では初めての試みであったが，大変有意義であった。

千葉県旭市立矢指小学校　教諭　佐瀬　史恵

間接的なキャリア教育

だれもが福祉に貢献する社会へ！

10

協力企業名：株式会社ナムコ
　　　　　　セコム株式会社
　　　　　　シャープ株式会社
　　　　　　株式会社読売新聞東京本社
　　　　　　株式会社くもん学習療法センター
　　　　　　日本電気株式会社
　　　　　　トヨタ自動車株式会社

執筆　石井　和恵

授業データ

学　　年：小学校高学年
授業時間：15時間
教　　科：総合・福祉
　　単元：だれもが福祉に貢献する社会へ！

実 践 校：千葉県本埜村立本埜第二小学校　6年

授業概要

　ゲーム機メーカーのナムコやセキュリティ業界のセコムの協力を得て，一見福祉とはかかわりのうすいイメージの両社で取り組んでいる福祉事業に着目し，さまざまな形での福祉を支える仕事があることに気づくともに，その仕事内容やそこで働く人について知ることで，間接的なキャリア教育の場とする。

授業のねらい

- 福祉とは一見かかわりのうすいイメージの企業で福祉に貢献している人がいることを知り，さまざまな形での貢献があることに気づく。
- 自らの将来の夢の中に，他者のためになりたいという思いをもたせる。

指導計画　　全15時間

時間	学習活動	支援・留意点
ステップ1 (45分×2時間)	① ゲーム機がお年寄りの生活を豊かに！ リハビリテーション用に改良された『太鼓の達人～日本の心～』を導入に，ナムコの福祉事業を知る。	身近なゲームが高齢者の生活を豊かにしていることを知る。 ナムコの専門分野で福祉に貢献していることをおさえる。
ステップ2 (45分×2時間)	② さまざまな会社の福祉事業を知ろう！ ＮＥＣ，公文，トヨタ自動車，セコムの4社が，それぞれがおこなっている福祉事業を知る。 セコムが開発した食事支援ロボット「マイスプーン」を知る。	さまざまな会社がその会社らしい事業で，福祉に貢献していることに気づかせる。
ステップ3 (45分×1時間)	③ 福祉製品の開発者に話を聞こう！ 「マイスプーン」の開発者石井さんを招き，実際に体験することで「役に立つ」という実感を味わい，開発過程の苦労や福祉の仕事に携わる思いにふれる。	11年間かかった開発の苦労や，そこから学んだことを伝えてもらう。
ステップ4 (45分×10時間)	④ 福祉製品やサービスの企画を考え，パンフレットにまとめよう！ セコム，ナムコ，シャープ，読売新聞に，それぞれの会社らしい福祉製品やサービスの企画を考え，パンフレットにまとめ，提案する。	「どのような人が」「どのようなものをのぞんでいるか」を想像し，本当に役立つものを考えさせる。

授業の実際

ステップ1　ゲーム機がお年寄りの生活を豊かに！

学習活動	支援・留意点
15分　ナムコってどんな会社？ T：この写真を見てください。何という会社がつくっているのか知っていますか？ C：ゲーム会社！　ナムコ！ T：そうです。ナムコはいろいろなゲーム機やテーマパークをつくっています。 C：ナンジャタウンに行ったことあるよ！ T：では，ゲーム機とテーマパークをイメージしてね。共通するキーワードって，どんな言葉？ C：「遊び!!」「楽しい!!」 T：そう，ナムコでは「遊び」「楽しい」をキーワードにした仕事をしています。では，もう一枚写真を見てください。2枚を並べてどこに違いがあるかな？ C：太鼓が台に乗っていないよ。バチも違うし，置いてある場所も違うね。 T：これはある目的のために改良されたバージョンです。その目的って何だと思いますか？ C：安くするためじゃない？ C：移動テーマパーク用？ C：車いすを使っている人のためとか？ T：これは，高齢者や身体が不自由な人のために改良されました。楽しく遊んでいるうちにリハビリができるゲーム機です。こういうゲーム機を何種類もつくっているそうです。 T：ナムコは，こんな形で高齢者の生活を豊かにすることにも携わっています。他にも「かいかや」というデイサービスセンターも運営しています。	パワーポイントで「太鼓の達人7」の画像を見せる。 ナムコは「遊び」「楽しい」をキーワードに仕事をしているということを確認する。 「太鼓の達人〜日本の心〜」の画像を見せる。
60分　ナムコの福祉事業について深めよう！ T：では，ナムコの「かいかや」で，福祉への取り組みを聞いてきましたので，ビデオを見てください。	

学習活動	支援・留意点
<div>◯ビデオ映像</div><div>ナビ：「かいかや」というナムコのデイサービスセンターに来ています。今日ご案内いただく河村さんです。</div><div>河村さん：河村です。ナムコでは，ゲーム機を開発したり，テーマパークを運営したりといった仕事をしています。この「かいかや」は，大正ロマンをモチーフにしており，家具や小物一つひとつにこだわり，くつろげる空間をめざしてつくってあります。</div><div>ナビ：ワニワニパニックがありますね。ゲームセンターにあるものとどんなところが違うのですか？</div><div>河村さん：車いすの人も体験できるように，足もとに空間をつくり，ハンマーも手の力が弱い人でも持てるように，マジックテープで固定できるようになっています。</div>	■ビデオ ©㈱ナムコ ©㈱ナムコ
T：ここにハンマーを借りてきました！持ってみてください。 C：持ちやすくて軽い！プラスチック製だからけがの心配もないね。 T：少しの工夫でずいぶんお年寄りに優しいハンマーになりますね。続きを見ましょう。	リハビリ用マシンの付属ハンマーにふれさせる。
<div>◯ビデオ映像</div><div>ナビ：こちらは「太鼓の達人」を改良したものですね。</div><div>河村さん：はい。このバチもマジックテープがついていて，手の力が弱い人でも持ちやすくなっています。また，低めのつくりにしたり，移動できるようにキャスターをつけたりしています。曲もお年寄り好みにしています。</div>	
T：ではここで，クイズを1問。 ◯ビデオ映像 Q リハビリテインメントマシンをつくることになったきっかけは，次のうちどれでしょう。 ① ワニワニパニックがすきなお年寄りに頼まれた。 ② ゲームをする姿とリハビリテーションをする姿が似ていた。 ③ 河村さんが歳をとってもゲームをやり続けたいと思った。	

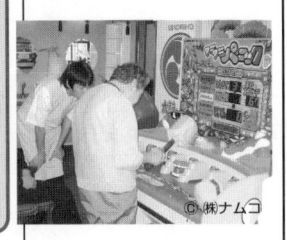

学習活動	支援・留意点

ビデオ映像

河村さん：正解は②番で「ゲームをする姿とリハビリテーションをする姿が似ている」です。ナムコの福祉事業は20年の歴史があります。その過程で知り合いになった専門家の方に「ゲームをする姿とリハビリをする姿は似ているのでゲーム会社ならゲームで社会の役に立つのがいいのではないか」と言われました。それがきっかけです。
ナビ：なるほど。河村さんの仕事のやりがいを教えてください。
河村さん：ゲーム機や施設を利用したお年寄りの喜ぶ顔を見るとうれしいです。楽しもうと思ってやるとなんでも楽しいです。私も仕事を楽しんでやっています。勉強も運動も楽しんでやってくださいね。

15分　ふりかえり

T：ビデオを見てわかったことや，思ったことを発表してくれる人はいますか？
C：ゲーム機がリハビリになるなんてびっくりしました。そして「かいかや」はとてもきれいで行ってみたいと思いました。

ステップ2　さまざまな会社の福祉事業を知ろう！

45分　いろいろな会社の事業を知ろう！

T：今回は，クイズから入ります。

ビデオ映像

Q 次の4つの会社の内，福祉にかかわる仕事をしていると思うところは○，そうでないと思うところは△をつけましょう。

① NEC　② 公文　③ トヨタ　④ セコム

▶それぞれの企業のメインの事業を子どもたちの日常生活に合わせて説明し，考えさせる。
- NECは，教室にあるパソコン，携帯電話，パソコンのソフトの開発も。
- 公文は，一人ひとりのレベルに合った教材を，自分のペースで進めていく形の塾。
- トヨタはもちろん，自動車。
- セコムは，「セコムしてますか？」っていう警備会社。

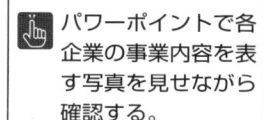

パワーポイントで各企業の事業内容を表す写真を見せながら確認する。

学習活動	支援・留意点
T:では，答えを発表してください。 ▶全社福祉事業に取り組んでいる。○△と判断した理由も聞きながら，情報の捕捉をしていく。 　NEC C:○だと思う！目が見えない人も使える音声の出るパソコン！ 　※目が見えにくい人のために，パソコンの画面内容を拡大表示できるソフトや，聞こえない・聞きづらい人のために，テレビ映像を表示し，字幕番組であれば字幕も表示して楽しむこともできるパソコンも。 　くもん学習療法センター C:点字の教材をつくっていると思います。 　※学習療法：読み書き計算が脳の働きを活発にすることを利用して，お年寄りに学習してもらって，認知症の改善になったり，予防になったりするということを研究しています。 C:公文に行ってるけど，知らなかった！ 　トヨタ C:車いすのまま乗れる車を見たことある。後ろにリフトがついているの見た。 C:テレビで見たけど，身体の不自由な人も運転できるようにハンドルを工夫していた。あと，ブレーキを手で操作できるものもあった。 　セコム C:お年寄りに何かあったら駆けつけてくれるとか。 T:なるほど。実は，セコムでは福祉ロボットをつくっています。「マイスプーン」といって，手が不自由な人が，自分で食べられるロボットです。 C:すごーい。知らなかった！ T:正解は全部○でした。いろいろな会社が，得意なことを活かして，ハンディキャップがある人のことを考えた取り組みをしています。	👆 事業をどう福祉事業に活かしているのか確認する。 👆 自動車の座席がそのまま車いすになる自動車を開発していることを紹介する。

45分 　　セコムの福祉事業について深めよう！

T:実は次回，「マイスプーン」を開発した人が，「マイスプーン」を持ってこの教室に来てくれます。それで，これから「マイスプーン」がどんなロボットか勉強しましょう。

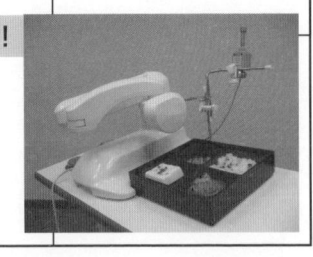

学習活動	支援・留意点
C：質問です！「マイスプーン」ではプリンとかスパゲティとかも食べられますか？ T：いい質問ですね。それはこれからビデオをみていくとわかります！開発者の石井さんにお話を聞いてきましたので、みてください。 **ビデオ映像** ナビ：「マイスプーン」の開発者の石井さんです。 石井さん：よろしくお願いします。 ナビ：さっそく体験させてもらってよいですか？ ※石井さんの説明のもと、ナビがマイスプーンを操作する。 C：ロボットでご飯が食べられるんだ。びっくり。 T：では、「マイスプーン」についてクイズを3つ出します。 ▶ 1問ずつビデオを止めながら、考えさせる。 **ビデオ映像** **Q1** 現在の「マイスプーン」ではできないことはどれでしょう？ ① 豆腐のような柔らかいものは食べられない。 ② おみそ汁は飲めない。 ③ 豆のような細かいものは食べられない。 ナビ：では、答えをお願いします。 石井さん：正解は②です。「マイスプーン」は、改良を重ね柔らかいものでも細かいものでも同じ操作で食べられるようになっています。おみそ汁については、現在でも口元までもってくる技術はあるのですが、熱いみそ汁をこぼしてしまう危険性を考えると、安全面が十分とは言えないので、その機能はつけていません。使う人の安全面を最優先に考えています。 **ビデオ映像** **Q2** 改良を重ねたマイスプーンの開発には何年かかったでしょう？ ① 1年未満　② 2～3年　③ 10年以上 石井さん：正解は③です。「マイスプーン」の開発には11年もかかりました。いろいろな人の意見を聞いて、その点をクリアするために研究を繰り返し、とても時間がかかりました。最終的にはとてもよい製品ができました。ものをつくる時はいろいろな人の意見を聞くことが大事ですね。	■ビデオ 👆 セコムは「安心安全」を大切にしている会社であることを確認する。

学習活動	支援・留意点
ビデオ映像 **Q3** セコムで福祉ロボットを開発することになったきっかけはどれでしょう？ ① 警備ロボットの技術を使えると思ったから。 ② 国から頼まれたから。 ③ 他の会社から技術提供を受けたから。 石井さん：正解は①です。セコムは警備ロボットをつくっているので「マイスプーン」ではその技術が活きています。スプーンに触れるとフォークがひっこむところにはセンサーの技術が，操作装置にはコントローラーの技術が活かされています。 T：いくつ正解できましたか？次回までに石井さんに聞きたいことを考えておきましょう。	セコムの得意とする技術が，「マイスプーン」に活かされていることを確認する。

ステップ3　福祉製品の開発者に話を聞こう！

45分

T：今日は，セコムの石井さんが「マイスプーン」を持って来てくださいました。よろしくお願いいたします。では，早速「マイスプーン」を体験してもらいます。まずは，先生（担任）が挑戦してみます。

石井さん：マイスプーンは，あごで操作する人，足で操作する人，その人の状態に合わせて操作できるようになっていますが，今日は指で操作してもらいます。では，このお弁当箱のような形の専用容器にご飯やおかずを入れます。

▶操作方法を板書して説明する。

T2：おお，動きがスムーズだね。スプーンが四角い形でたくさんつかめる。

T：では，みんなにも順番に体験してもらいましょう。

▶交代に体験する。操作が思ったより簡単だ。思ったよりたくさんつかめた。スパゲティもつかめた！これだと楽しく食べられる。ロボットだからガシャーンガシャーンという感じで動くと思った。などの声。

T：では，石井さんにいろいろ聞いてみましょう！

C：11年の開発で大変だったことは何ですか？

石井さん：いろいろな人の意見を聞いて，それを一つの製品に仕上げるのがとても大変でした。10回のうち9回くらいが失敗でした。たくさん失敗をくり返したおかげでいい製品ができたと思います。

福祉製品はさまざまな状態の人が利用できるように工夫されていることを確認する。

■■■ だれもが福祉に貢献する社会へ！

学習活動	支援・留意点
C：どうしてセコムという会社で「マイスプーン」をつくろうと思ったのですか？ 石井さん：大学時代，ロボットの開発などをする研究室で勉強をしていたことと，障害のある子どもとあそぶボランティアもしていたことからでしょうか。皆さんも，こんな福祉ロボットがあったらいいなというところを考えてみてください。 T：今日はありがとうございました。	

ステップ4　福祉製品やサービスの企画を考え，パンフレットにまとめよう!!

2時間　個人でアイデアを考えよう！

T：前回，セコムの石井さんが福祉機器のアイデアを考えてみてくださいって言われたよね。今日からは，福祉製品やサービスの企画を考えていきます。それを4つの会社に提案します。それぞれの会社にふさわしい企画を考えてください。
C：考えられるかな？　がんばろう!!

▶まずこの時間は，一人ひとりで考えをまとめさせた。目が見えない人が，冷蔵庫に何が入っているのかわかるような製品を考える／楽しいゲーム機を考えよう！／ハンディキャップがある人も楽しめるテーマパークなどのアイデアが出た。

☞ 提案先の企業は，ナムコ・セコム・読売新聞東京本社・シャープの4社

2時間　チームで1つの企画を考えよう！

▶提案先企業ごとに4つのチームに分かれ，話し合いで1つの企画に練り上げる。

2時間　クラスのみんなで検討会を開こう！

▶開発者の石井さんがいろいろな人に話を聞いたように，チームで考えたものを，クラスで発表して，お互いに新しい意見を出し合う。

2時間　企画をつめよう！

▶前回もらった意見を参考に，よりよい企画に仕上げる。

☞ チームで作業を進め，いろいろな意見を出し合い，検討していくことで，よい企画になっていくことを実感できるようにする。

2時間　パンフレットをつくろう！

▶一人ひとりが，チームで考えた企画をどのように提案すればよいか考えて，説得力のあるオリジナルパンフレットをつくる。

☞ 各企業にパンフレットを送り，コメントをいただく。

Arm & foot up

足の不自由な人や高齢者のリハビリテーションのために，テレビにつなげ，足でボタンを押し，ゲームをおこなう。単純な操作で，お年寄りも簡単にできるように企画した。

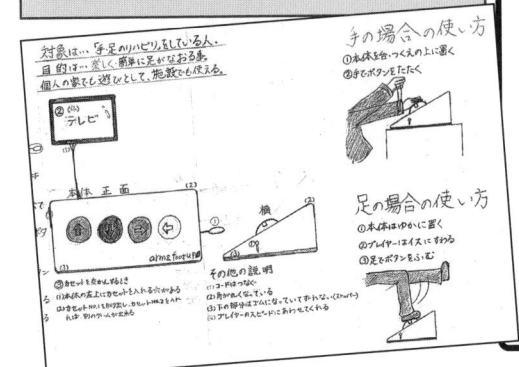

● ナムコチーム ●

ナムコ株式会社
河村吉章さんのコメント

　足のリハビリマシーンを考えたということで，まずとてもびっくりしました。会社の中で企画アイデアを募集することがあるのですが，そこに出てきてもおかしくない企画ですね。
　楽しいゲームをたくさんできるように考えてくれてよかったのですが，マシーン自体のデザインを楽しい雰囲気にしたり，ネーミングも聞いただけで楽しくなるようなものにしたりすると，もっと楽しそうな雰囲気がで出たのだろうと思います。

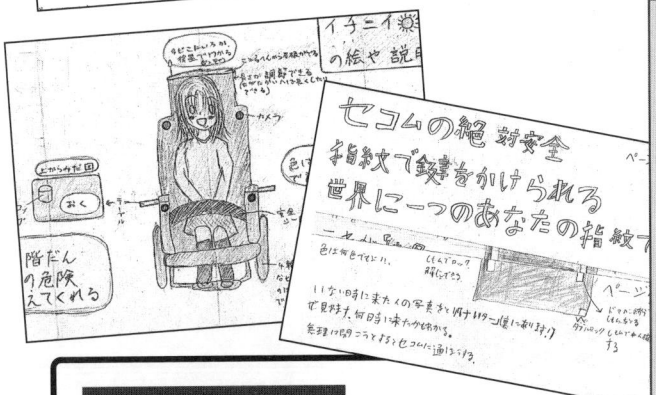

キーロック

力が弱い人や高齢者が，ドアの開け閉めを簡単におこなえ，カギの閉め忘れを防ぐ製品。指紋認証でドアがあく。ドアは両開きになっている。

イチニイ○ナビ (サン)

身体の不自由な人が安心して外出できる製品。車いすにナビゲーション機能がついていて，目的地まで案内してくれる。4輪で階段もOK！

● セコムチーム ●

セコム株式会社　石井純夫さんからのコメント

◆キーロック
　手の不自由な人や足の不自由な人から，簡単にカギを閉めたい，開けたいという声を私も聞くので，これは需要があると思います。よいところに目をつけたなあと思いました。
　指紋というのも１ついいですが，ペンダントや指輪といった小物から電波をとばしてカギの開け閉めができるというのも，１ついいのかなと思います。

◆イチニイ○ナビ
　安全にあちこちいけるのはいいですね。ただ行くだけじゃなく，行く先々でいろんな出会いがあると思います。階段を上れる機能ということで，よく調べてあってすごいなと思ったのですが，こういう機能をつけると，機械自体がとても重くなってしまうと思います。

だれもが福祉に貢献する社会へ！

● シャープチーム ●

シャープ株式会社　飯田勝博さんのコメント

　コミュニケーションの原点ともいえる感情を伝えることに着目し，声を変えることによって感情を表現するアイデアはとても大切で，おもしろいアイデアですね。
　さらに使う人の立場にたって，いろいろな場面における配慮を具体的に考えることにより完成度が上がります。たとえばせっかく入力した文字が間違えて消えてしまわないよう，「クリアキー」は他のキーとは，形や色を変えたりするのもよいですね。
　今ある携帯電話は便利ですが，真面目すぎて楽しくありません。「マイトーク」は楽しくコミュニケーションしてほしいという気持ちが伝わる楽しいデザインで，とってもよいと思います。

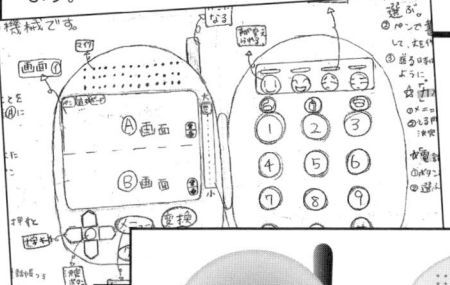

マイトーク
耳が不自由な人，しゃべれない人がコミュニケーションする機器で，音声情報が機器の画面上に文字情報として表示されたり，画面上に書いた文字情報が音声情報として発信できる。

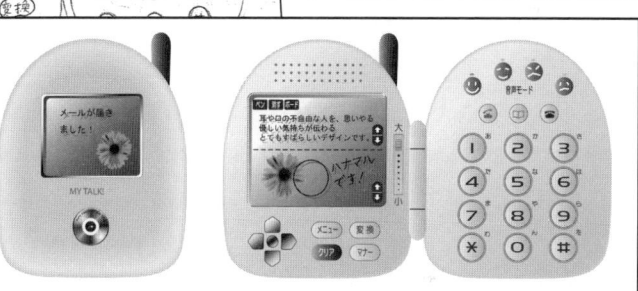

完成予想図

デザイン：通信システム事業本部　デザインセンター　主席デザイナー　飯田勝博

● 読売新聞社チーム ●

株式会社読売新聞東京本社
　　岡部匡志さんからのコメント

　問題になるのはスピードとコストだと思いますが，目の不自由な人にも必要な情報を届けるというのは，公共性を求められる新聞社として取り組むべき仕事のひとつです。携帯電話からでも情報が簡単に取れるようになれば，外出先でもニュースがわかるわけで，視覚障害者が積極的に行動できるよう促す意味でも素晴らしいと思います。

een（イーイーエヌ）
【「easy and enjoy, newspapers」の略】
新聞記事の情報をQRコードにつめ，主となる記事のQRコードを一枚の紙に並べて，毎日の新聞に添付するサービス。目が不自由な方やお年寄りが，携帯でQRコードを読み込み，音声で新聞の情報を得られる。

Message …授業を終えて…

　競輪選手，学校の先生，パン屋さん，このクラスの子どもたちはさまざまな夢をもっています。その自分の将来の夢の中に，福祉に配慮するという発想を抱いてほしいというのが，本授業の大きなねらいです。
　授業を進める中で，ある子は「いろいろな会社で福祉について考えているんだとわかった」という感想を発表してくれました。また，別の子は，「ぼくは将来，パン屋さんになりたいのだけど，お年寄りにやさしいパン（たとえばやわらかいとか）や元気になるパンを作りたい」という感想を書いてくれました。授業者としてはこういった気づきや思いをとてもうれしく思います。今回の授業をきっかけに，他者への関心を高めてほしいと考えます。

　　　　ＮＰＯ法人　企業教育研究会　授業担当　　石井　和恵

　現社会には多くの会社，多くの仕事があります。情報は溢れていますが「実際にどんな仕事があるのか」「実際の仕事の場というものがどういうものなのか」などはなかなか伝わらないものだと思います。まして自分の将来と結びつけて考えることは難しいのではないでしょうか。本キャリア教育では「現場を伝える」ことで少しでもお役に立てればと思っておりましたが，それ以前に子どもたちの「発想の豊かさ」「素直さ」に我々が感動，元気をもらいました。当社でも20年福祉事業に携わっておりますが，さらなる勉強が必要なことを再認識致しました。

　　　　株式会社ナムコ　エルダー事業グループ　　河村　吉章

児童の感想

　マイスプーンは，とっても楽しく食事をすることができました。石井さんは，10回のうちに9回も失敗したと言っていました。でも最後，ラスト1回に成功してよかったと思います。それをきいて，やっぱりちょうせんすることはいいことだなと思いました。手が不自由な人は，あれがあると，とってもらくに，そして楽しく食事ができると思います。これからは，私たちが考えたロボットができたらいいなと思いました。とっても楽しかったです。
　私の家にもおばあちゃんがいます。もう歩けないけど自分でご飯は食べられます。これからはおばあちゃんといっしょに楽しくすごしたいと思います。

千葉県本埜村立本埜第二小学校　　大沼　詩萌

　人は具体的な目標や人物をイメージできる時，勉強に力が入り，知識も身につくものと思います。子どもたちが，セコムの商品や携わる人，そしてお客様を知ってもらうことによって，より具体的なイメージ（夢）を描いてくれることを期待しています。
　また，ペーパーテストは効率的な知識の習得法ですが，ともすると失敗を過度に恐れさせてしまう危険性もはらんでいます。失敗を恐れず挑戦することの大切さを，多くの失敗を経験してきた開発者から感じてもらえれば，とてもうれしく思います。

セコム株式会社　開発センター　メディカルチーム　石井　純夫

　セコムの石井純夫さんが我がクラスの背面に掲示してある，まきたしんじ氏の『教室はまちがうところだ』という詩を見て，「マイスプーン」の開発は「10回に9回は失敗だった」という話をしてくださった。石井さんが帰った後に「石井さんは『教室はまちがうところだ』を取り上げて話をしてくれたのは，教室も小さな社会の一つであって，だからこそ教室でも失敗を恐れずにチャレンジしてほしいと思ったからなのではないか。」という反応が子どもから返ってきた。「社会でも教室でも大切なことは変わりがないのだ。」ということをこの授業をとおして子どもたちは深く心に刻んだと思う。

千葉県本埜村立本埜第二小学校　教諭　　古谷　成司

間接的なキャリア教育

宇宙と先進情報技術 ～GPSの活用～

11

協力企業名：独立行政法人　宇宙航空研究開発機構(JAXA)
　　　　　　京成バス株式会社

協力：(財)コンピュータ教育開発センター

執筆　塩田　真吾

授業データ

学　　年：高校1～3年
総時間数：4時間（50分×4）
教　　科：情報
●情報A(2)　情報の収集・発信と情報機器の活用
●情報B(4)　情報社会を支える情報技術
●情報C(4)　情報化の進展と社会への影響

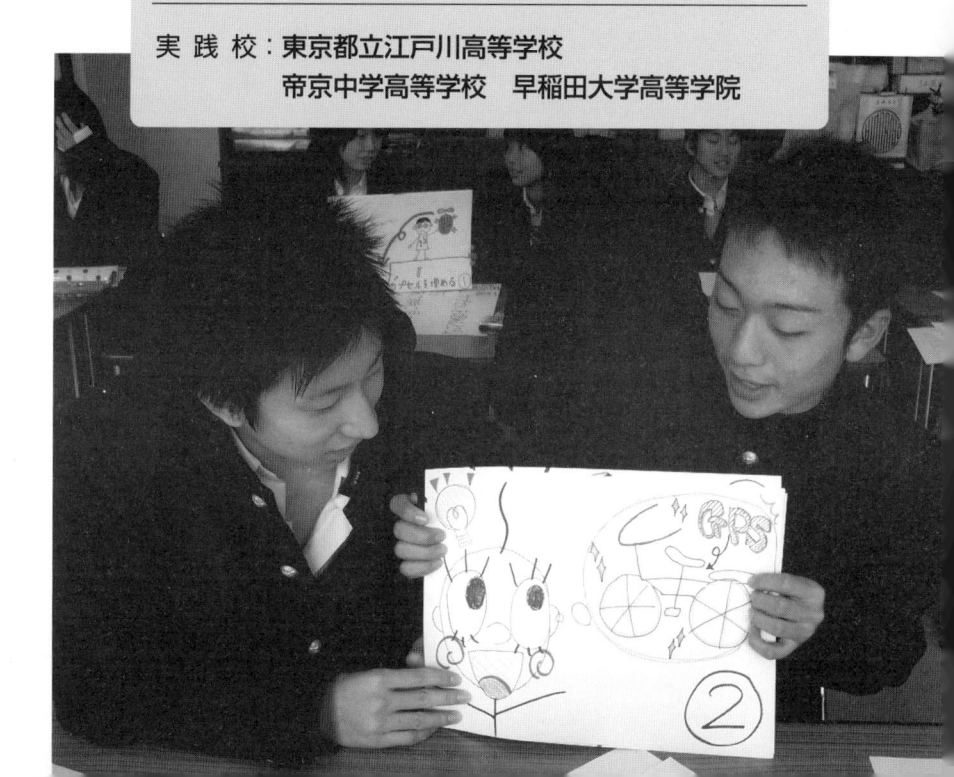

実 践 校：東京都立江戸川高等学校
　　　　　帝京中学高等学校　早稲田大学高等学院

授業概要

　JAXA(宇宙航空研究開発機構)の協力を得て，GPS(Global Positioning System—衛星を使った位置決定システム)の仕組みや活用例を紹介し，これからの社会で活用できる新しいアイデアを考えさせる。衛星を利用した先進情報技術への理解と関心を深め，このような分野で活躍している人の仕事や思いにふれることで，間接的なキャリア教育の場とする。

授業のねらい

- 生活の中で測位衛星システムが果たしている役割や影響を理解する。
- 測位衛星システムにかかわる人がいることに気づかせ，その仕事や思いについて考えることができる。

指導計画

全4時間

時間	学習活動	支援・留意点
第1時	① GPS機器(携帯電話)の使用方法(操作方法)について説明を受ける。 ② GPS機能付携帯電話を使い，自分の現在の位置の測定などを体験させる。 　① 現在地の測定 　② 目的地の設定 　③ ルートナビの体験 ③ 教室に戻り，体験の感想を聞く。 ④ GPSの仕組み(携帯電話と衛星との通信)をビデオ教材で学ぶ。また，現在・未来の宇宙の技術について(準天頂衛星システム)説明を受ける。	GPS機能つき携帯電話機 教室から出て校舎外で活動をおこなう。 3～4人で1つの機器を使い，グループで体験する。 ビデオ教材やパワーポイントを使い説明する。
第2時	⑤ 現在，路線バスや災害時に活用されているGPSシステムを学ぶ。	
第3時	⑥ JAXAから新しいGPSの活用法を考えてほしいと正式な依頼を受け，アイデアを考える。	ワークシートの項目にそって考える。 パワーポイントでの発表準備をする。
第4時	⑦ グループごとにアイデアを発表する。	パワーポイントを使い発表する。

宇宙と先進情報技術 ～GPSの活用～

授業の実際

T：教師（授業者）　C：子ども

学習活動	支援・留意点
1時間目 **30分　GPSを使ってみよう！** T：これから皆さんに，このGPS機能付携帯電話を体験してもらいます。 ▶講師がパワーポイントを使い，GPS機器（携帯電話）の使用方法（操作方法）について説明する。 T：これから，外に出て，次の3つのことを体験してきてください。 　①　現在地を測定する。 　②　写真をとり，GPS情報を取得する。 　③　QRコードをカメラにとり，目的地情報を読み込んで，音声ナビゲーションを体験してみる。 ▶生徒は，教室に戻り，感想を発表する。 C：本当に自分のいる位置がわかる！ C：行き先を音声で知らせてくれるのがおもしろい。 **20分　GPSってどうしてできたの？** T：さて，GPSを体験してもらいましたが，これからその仕組みを見ていきましょう。 　【ビデオ映像】 　ナビ：皆さん，こんにちは。今日は，どうやってGPSが情報を得ているのか，その仕組みを探りにJAXAに来ました。さっそくですが，中村信一さんと内村孝志さんにGPSについて説明していただきます。 　中村さん：JAXAの中村です。私は，宇宙空間を飛んでいる衛星の軌道の決定をおこなっています。今日は，GPSについて皆さんに説明します。 　GPSは，4つの衛星からの情報を得て位置を特定しています。 　さてGPSは，ある必要にせまられて開発されました。そのきっかけは何だったでしょうか？ 　①道に迷う人が多かったから。 　②救急利用のため。 　③戦争の時に兵隊の位置を知るため。	👆 GPS機能つきの携帯電話を用意する。 ■ワークシート① 👆 教室内ではなく，校庭など外でおこなう。 【QRコード】 QRコード(二次元コード) 情報を持つ　←→　情報を持つ 👆 GPSの仕組みについて，（たとえば携帯電話と衛星との通信の仕組みなど）ビデオ教材で知る。

155

学習活動	支援・留意点
T:さあどれでしょう？ C:軍事利用のためだと聞いたことがあるような気がするけど。 T:では，挙手してください。 T:②が多いですね。では解答を見ていきましょう。 **ビデオ映像** **中村さん**：GPSはアメリカで軍事用に開発がおこなわれました。軍隊では，砂漠や海の真ん中などで現在地を正確に知ることが大変重要だったのです。 **ナビ**：GPSは軍事目的で開発されたのですね。 **中村さん**：GPSからは2種類の電波がでています。1つは民間利用向けで，もう1つは軍隊利用向けです。民間用だと数十メートルの精度で，軍隊用のものだと10メートル以下の精度だと言われています。クリントン大統領が，民間用のものを無償で公開することを宣言し，無料で利用できるようになりました。もし有料だったら，GPSは個人では買えないくらいの値段だったでしょう。 ▶ビデオでは他にも，準天頂衛星システムや，中村さん，内村さんの仕事に対する思いなどを紹介した。	■ビデオ
2時間目 50分　GPSの使い道を知ろう！ T:前回は，GPSの仕組みについて紹介しましたが，今回はGPSが，実際にどのように活用されているか紹介したいと思います。まず路線バスでの活用例です。 **ビデオ映像** 私ども京成バスでは，バスロケーションシステムを採用しています。バスロケーションシステムとは，バスが走っている位置や次のバス停までの所要時間をお客様のパソコンや携帯電話からリアルタイムに確認できるというものです。GPSは，路線バスや船舶で位置を把握するためや災害が起きた時に有効に活用されています。 ところで，GPSはある場所では使うことができません。さて，それはどこでしょう？ ① 羽田空港　② 東京湾アクアライン　③ 新宿	■ビデオ 京成バス株式会社 岩崎　稔さん

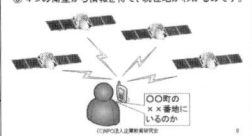

宇宙と先進情報技術 ～GPSの活用～

学習活動	支援・留意点
T：さあ，どこだと思いますか？考えてください。 C：新宿じゃない？なんかビルとかが邪魔しそう。 C：アクアラインはトンネルだから通じないんじゃないかな？ T：では，答えてもらいます。①だと思う人？②だと思う人？③だと思う人？ T：②が多いですね。それでは解答を見ていきましょう。 **ビデオ映像** 正解は②です。東京湾アクアラインでは，トンネルの区間でGPSの電波を受信できないため，システムを使うことができません。 T：アクアラインでは使えないんですね。 内村さん：そうですね。トンネルでは難しいです。しかし，最近のカーナビを搭載している車では，同時にスピードセンサーやジャイロセンサーなど，車速や向きで位置を割り出す装置を搭載し，アクアライン内でも車の位置がわかります。ただ，バスロケーションシステムではコストの関係で，現在は取り入れていないそうです。 ▶この他にも，災害での活用例や船舶での活用例について紹介した。	路線バスの活用 ～バスロケーションシステムの仕組み～ ■ビデオ GPSのいろいろな活用 ～災害での活用・①事前調査～ 災害がおきそうな崖や山などを写真に撮り， GPSで位置情報を追加して災害への対策をとる。

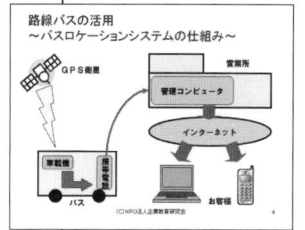

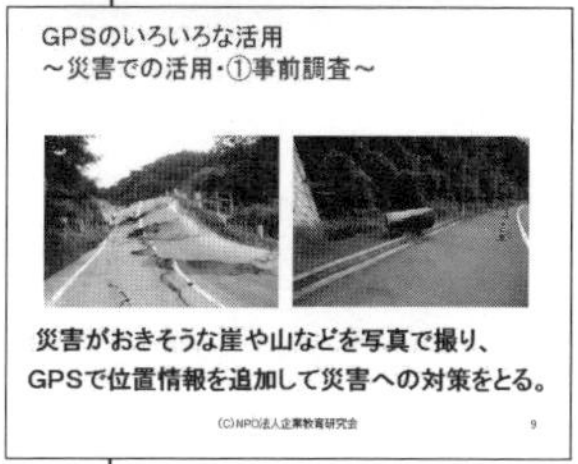

3時間目 50分

アイデアを考えよう！

T：さて，今までさまざまな活用例について紹介してきました。ここで，内村さんから皆さんにお願いがあるそうです。

正式な依頼
内村さん：これから，皆さんに新しいGPSのアイデアについて考えてもらいたいです。使用する場面や目的などを考えて提案してください。

学習活動	支援・留意点
▶ワークシートを配り，グループに分かれて作業を開始する。 C：自転車盗難用に，自転車につけたら？ C：でも，GPSが壊されるかも。 C：そっか… C：ペットにつけるとかは？ C：なるべく小さくすればできるかも。	■ワークシート②

4時間目　50分

新しいGPSのアイデアを発表しよう

T：では，発表してもらいます。その後，JAXAの中川さんからコメントをしていただきます。
C：緊張するなぁ。
C：私たちが考えたアイデアは，『けがをした際にGPSで場所を送って適切な手当ができるようにする』です。
T：何か質問はありませんか？
C：電話をすれば早いのではないですか？
C：自分の場所とけがの様子を写真つきで送ることで，対処の仕方がわかると思います。
中川さん：実用的なアイデアだと思います。アメリカですでに実用化されつつあるものです。「E911」と呼ばれていて，これは，日本の「119」にあたります。こういったシステムは日本でも何年か後には導入されるだろうと思います。

▶その他にも，自分の荷物にGPSをつけ，空港でスムーズに荷物の受け渡しをするアイデアや，自転車の盗難防止，浮気防止などのアイデアが出された。
T：はい，みなさん発表ありがとうございました。どれもいい発表だったと思います。最後に中川さん，子どもたちにメッセージをお願いします。

中川さんから子どもたちへのメッセージ

　柔軟な発想で，発表の仕方もよかったです。科学技術というのは，技術が生まれた後にいろいろな利用法が出てきます。いろいろな利用法をみんなが考えることで社会に広がっていきます。これからもいろいろなアイデアを考えてみてください。

宇宙と先進情報技術 ～GPSの活用～

ワークシート❶

LET'S TRY! GPS機能付携帯電話

◆①②③は必ず、④は時間があれば。

EZナビウォーク

☆準備（左下）アプリキー右に２つ→EZナビウォーク起動

１ 現在地の確認しよう！

EZナビウォーク起動→（左側メニューから）ナビ→
目的地検索→現在地（GPS）→地図を表示する

目的地を設定しよう！

EZナビウォーク起動→（左側メニューから）ナビ→目
的地検索→現在地（GPS）→最寄の駅までのルート
地図（ひとつを選択）→ルート案内開始

(ex.一番近くの駅までの音声ナビゲーションを行う場合)
EZナビウォーク起動→（左側メニューから）ナビ→目
的地検索→現在地（GPS）→最寄の駅までのルート
地図（ひとつを選択）→ルート案内開始

２ 写真＋GPS情報を取得しよう！

（左上）カメラキー→撮影→サブメニュー→GPS情報
→現在地→地図で確認

撮った写真を見みよう！
（右上）EZキー→データフォルダ→フォトフォルダ

撮った写真の場所に行こう！
（右上）EZキー→データフォルダ→フォトフォルダ→
再生→GPS→ここへ行く→ルート案内開始

３ ２次元コードによるナビウォーク

アプリキー→２次元コードリーダー→（接写モードで）
撮影→結果→選択→EZナビウォーク起動→地図を表
示する→ここへ行く（GPS）→ルート案内開始

音声案内のデモを体験しよう！
EZナビウォーク起動→（左側メニューから）NEW→
おためしナビ

２次元コードを
撮ってみよう！

ワークシート❷

GPSの新しい活用方法を考えよう

☆ 考えるポイント
① 場面を考える
　（たとえば、ショッピング・遊ぶ時・緊急時・食事・旅行・スポーツ・学校行事）
② 目的を考える
　（たとえば、○○をスムーズにするため、○○を見つけやすくするため）
③ 方法を考える
　（たとえば、○○にGPS受信機をつける、○○の写真と位置情報を取得する）

発表方法（例）

① 場面（想定シーン）
② 目的
③ 方法（しくみ）

159

Message …授業を終えて…

　本授業では，講師の仕事内容はもちろん，教材ビデオに出演したJAXAの職員をはじめ，バス会社やGPSシステム提供会社の方からも仕事内容について紹介していただいた。授業には，他クラスからもJAXAの仕事興味があるということで，自主的に授業に参加していた生徒もいた。
　宇宙と先進情報技術というテーマを学習することに留まらず，関係するさまざまな職業を紹介することで，将来の職業を意識することにつながったのではないかと考える。

NPO法人 企業教育研究会　授業担当　　塩田　真吾

　GPSは宇宙開発が日常生活に役立っているもっとも卑近な例のひとつである。本授業は，生徒がGPS機器を実際に手にとって操作し，その活用法を考えるという大変プラクティカルな授業である。生徒にとっては最先端の研究開発に携わる技術者に接することによって，テキストでは得られない本物の迫真性を感じることができる。一方，JAXAにとっては次世代を担う青少年に宇宙開発の意義を伝え，高校生の関心を知ることができる。
　このような研究機関と学校との連携した授業は，学校の年間を通した定常カリキュラムの中にもどんどん取り入れられていってほしい。

宇宙航空研究開発機構　広報部教育グループ　中川人司

宇宙と先進情報技術 〜GPSの活用〜

生徒の感想

　その道のプロが講師として来てくれたので，すごくいい経験になりました。現場で宇宙開発に取り組んでいる人々の思いがよくわかりました。普段は，パソコンなどで情報を得ることしかできないけど，実際に関わっている人からより詳しい情報が得ることができてよかったです。

GPS活用アイデア

① タイムカプセルにGPS

② 待ち合わせにGPS

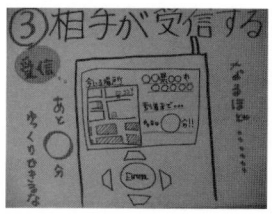

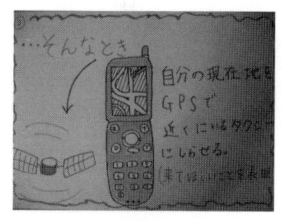

③ タクシー利用にGPS

　生徒は大変意欲的に授業に参加していた。放課後に残って発表準備をおこなっていた生徒もいた。内容も概ね理解できたと思う。

　今後，継続してこういった授業をおこなうには，年間カリキュラムに組み込み，全クラスで実施できる体制が整えられるとよい。

東京都立江戸川高等学校　教諭　稲葉　久男

教育貢献活動推進協議会(CE協議会)のご案内

ホームページ：http://ce-kyogikai.main.jp/

◆ 教育貢献活動推進協議会とは
（CE協議会）
Contribution to Education

　　教育貢献活動推進協議会は，教育貢献活動に熱心な企業が中心となり，企業の教育貢献活動を継続的に支援しています。この協議会は，17年4月に設立いたしました。企業の教育貢献活動だけでなく，教育NPOや行政組織の支援全般を対象とするインターミディアリー（intermediary）機関です。

◆ 設立役員

理 事 長	藤川　大祐	千葉大学教育学部助教授
		NPO法人 企業教育研究会 理事長
理　　事	岡部　匡志	読売新聞東京本社
理　　事	田中　丈夫	東京電力株式会社
理　　事	糸井　登	小学校教諭
理　　事	林　　宏	小学校教諭
事務局長	塩田　真吾	NPO法人企業教育研究会 副理事長
事 務 局	NPO法人 企業教育研究会

◆ 正会員企業・団体一覧 （50音順 2005年9月現在）

シャープ株式会社
株式会社ソニー・コンピュータエンタテインメント
東京電力株式会社
日本教育新聞社
日本マクドナルド株式会社
読売新聞東京本社
NPO法人 企業教育研究会

163

◆ 主な活動内容

- 日本教育新聞，ホームページ，ニュースリリースなどを使った企業・学校への広報活動（ホームページ：http://ce-kyogikai.main.jp/）
- 教育貢献活動の情報をまとめた企業向け情報誌「CEニュース」の発行（年3回）
- 企業担当者と教員による交流会「CEセミナー」の開催（年2回）
- 企業・教員に向けたシンポジウムの開催（年1回）
- 教育貢献活動報告書の発行
- 教育貢献活動に関する相談・サポート

　　　　　　　　　　　　　　　　　　　　　　　　　　など

◆ 教育貢献活動推進協議会（CE協議会）に参加する4つのメリット

1　学校教育改善への実質的な貢献

　CE協議会では，さまざまな企業や団体が単独ではなく，組織として授業づくりや教育貢献活動を継続的におこなっています。教師の力だけでは難しかった実質的な学校教育の改善をめざしています。具体的には，授業内容の改善，授業環境の改善などです。

　学校側も，企業や団体と連携した教育活動をおこなう際の窓口が一本化されることで，より簡単に企業との授業づくりや授業環境の整備，研修などが可能となります。

2　組織的な広報活動

　日本教育新聞（発行部数245,242部，学校数55,000校，教員数110万人，教育委員会3,400カ所）や一般紙に向けたニュースリリースの発行，さらにHPを利用し広報活動をおこなっています。CE協議会として組織的に広報活動をおこなうため，単独の活動よりも効率的です。

3　教育貢献活動の人的ネットワークの構築

　　企業と教員の交流会「CEセミナー」を通じて，他の企業や団体の教育担当者，教員，研究者等との交流ができます。教員との話し合いの場やマッチングをとおして，よりよい教育貢献活動が可能となります。

4　教育貢献活動についての情報提供や相談・サポート

　　他の企業や団体の活動状況を載せた年3回発行のニュースレター「CEニュース」や，年1回発行の教育貢献活動報告書を贈呈します。
　　また，教育貢献活動に関するご相談もお受けします。

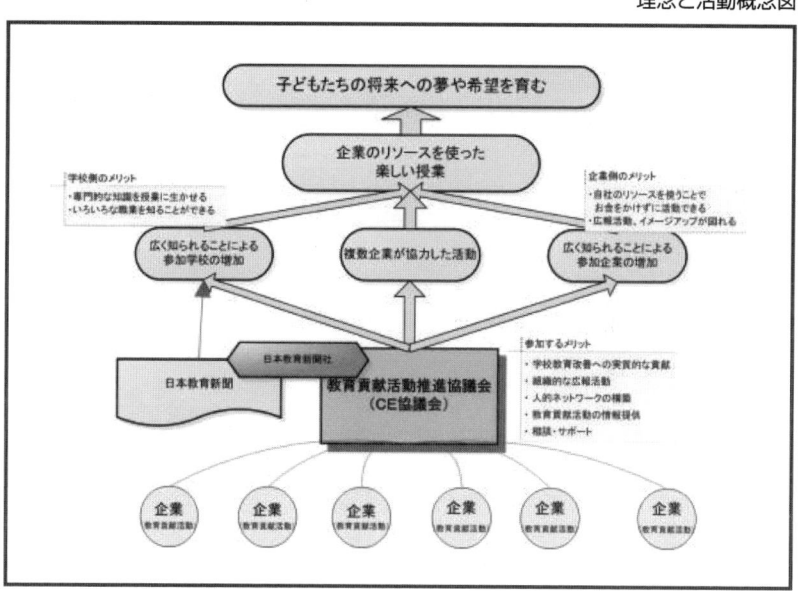

理念と活動概念図

編著者紹介

藤川　大祐（ふじかわ・だいすけ）

1965年東京生まれ
東京大学大学院博士課程，金城学院大学助教授等を経て，
2001年より千葉大学教育学部助教授（教育方法学，授業実践開発）

NPO法人企業教育研究会理事長，教育貢献活動推進協議会理事長ほか，NPO法人全国教室ディベート連盟常任理事，NPO法人芸術家と子どもたち理事等をつとめ，メディアリテラシー教育，ディベート教育，算数・数学，総合的学習等，さまざまな教科・領域における新しい授業づくりに取り組む。

主な著書
『メディアリテラシー教育の実践事例集』
『授業分析の基礎技術』
『やるぞ!!中学数学ワークシート（全3巻）』
　　　　　　　　　　（以上，学事出版）
『企業とつくる授業』（教育同人社）
『広告！しる・みる・つくる（全5巻）』
　　　　　　　　　　（学習研究社）

〈執筆者〉
NPO法人企業教育研究会

塩田　真吾
（副理事長）
石井　和恵
阿部　学
谷山大三郎
赤池　香澄
中野　敬子
八木　航
川崎　雅子
山田　真季

●本書掲載の授業または，授業の実施については，NPO法人 企業教育研究会にご相談ください。

TEL　　043-290-2564（千葉大学教育学部藤川研究室）
FAX　　020-4663-5605
E-mail　info@ace-npo.org
ホームページ　http://ace-npo.org/

小学校からはじめる新しいキャリア教育の提案と実践
子どもたちに夢と出会いを…
企業とつくるキャリア教育
すぐ取り組めるワークシートつき

2006年2月20日 初版 第1刷

編 者 藤川 大祐
著 者 NPO法人 企業教育研究会
デザイン 清見 健一
編 集 佐久間 逸子／松原 悦子
発行人 森 重治
発行所 株式会社 教育同人社
　　　〒170-0013　東京都豊島区東池袋4-28-9
　　　TEL 03 (3971) 5151
印刷・製本所 東京書籍印刷株式会社
© 2006 NPO法人 企業教育研究会
Printed in Japan ISBN4-87384-104-6